社会統治と教育
ーベンサムの教育思想ー

小松 佳代子 著

流通経済大学出版会

目　次

序　章　ベンサムを主題化するということ……………………………… 1
　第1節　近代的統治とベンサム………………………………………… 1
　第2節　ベンサム教育論への三つの水脈……………………………… 7
　　(1)　科学教育の進展………………………………………………… 7
　　(2)　環境による教育………………………………………………… 8
　　(3)　社会統制論としての教育……………………………………… 10
　第3節　本書の構成……………………………………………………… 13

第1章　ベンサム立法論における統治と教育……………………………21
　第1節　個人の利益と社会の統治………………………………………21
　第2節　間接的立法論における教育論…………………………………28
　　(1)　間接的立法論について…………………………………………28
　　(2)　instruction について……………………………………………32
　　(3)　education について………………………………………………36
　　(4)　統治と教育の関係………………………………………………39

第2章　ベンサムの施設経営論……………………………………………45
　第1節　パノプティコン…………………………………………………46
　　(1)　監獄改良運動とパノプティコン………………………………46
　　(2)　パノプティコンの仕組みと請負制……………………………48
　　(3)　パノプティコンに基づく社会形成……………………………53
　第2節　全国慈善会社……………………………………………………57
　　(1)　構想の概要………………………………………………………57
　　(2)　教育機関としての勤労院………………………………………61
　　(3)　国民教育システムとしての全国慈善会社……………………64
　　(4)　全国慈善会社からクレストメイシア学校へ…………………66

第3章　クレストメイシア学校構想……79
第1節　クレストメイシア学校の構図……79
(1) 国家の工作模型(ミニアチュア)としての学校……79
(2) 教科の配列……83
(3) 秩序の習慣形成……89
(4) 学校管理原理……92
第2節　パノプティコンによる学校管理……96
(1) パノプティコン原理の学校への適用……96
(2) 『クレストメイシア』におけるパノプティコン……101
(3) ベンサムの教育観……106
第3節　モニトリアル・システムの適用……107
(1) クレストメイシア学校とモニトリアル・システム……107
(2) クレストメイシア学校における教授と管理……111
(3) ベンサムの人間観……115
(4) モニトリアル・システムの適用が意味するもの……120

第4章　ベンサム教育論が目指した社会像……129
第1節　J.ミルの教育論……130
(1) "Schools for All"における国民教育論……130
(2) J.ミル『教育論』……133
第2節　ベンサムの国民協会批判……135
(1) 『イギリス国教会』における国民協会批判……135
(2) ベンサムが構想する社会……142

結　章　近代教育論としてのベンサム教育論……151

参考文献……157
あとがき……167

序章　ベンサムを主題化するということ

第1節　近代的統治とベンサム

　教育といういとなみ、少なくとも私たちが現在自明のものとしている〈教育なるもの〉は、近代市民社会の成立と密接に結びつきながら登場した、近代に固有の概念であるということが明らかにされつつある。中内敏夫は、「形成」「教化」とは区別して、「国家や企業社会などのこの世を、よりよく生きる能力の獲得のための人間形成」機能としての「教育」は、「市民社会の生成と持続と不離一体のしごとであり、その歴史は近代にしかないという命題」を提出している[1]。教育が近代固有の概念であるというこの見方は、今日私たちが自明視している教育概念を相対化するにとどまらず、そのような教育概念が析出されてくる歴史的な機制を明らかにすることを通して、新たな教育史認識を構築する研究へと展開されている。例えば、宮澤康人は、近代的な教育関係を共同体の解体に伴う大人と子どもの世代間関係の構造変化の有機的一環として捉えることによって、その矛盾した様相を明るみに出そうとしている。教育といういとなみを、大人と子どもの世代間関係、それを取り巻く社会・文化システム、さらには生態系システムにまで広げて巨視的パースペクティヴから捉え直そうとする宮澤の「大人と子供の関係史」は、「教育の諸概念のみならず、教育学自身が存立する前提そのものを問い直す」ことを目指した「メタ教育学としての教育史」である[2]。また、寺﨑弘昭は、詳細な語源学的研究によってeducationという概念が産婆・乳母・母によって果たされる産育の営みであったことを明らかにし、古語の世界では教育という概念が「ひとりの人間をまるごともう一つの世界に渡らせる営み」であり、呪術的な意味も含んだ通過儀礼や、さらには「魂の癒し」として把握されていたことを示している。寺﨑はそうした忘れ去られたeducation概念が持っていた豊かな意味世界の歴史という意味での「教育の歴史（History of Education）」を構築しようとしている[3]。近代教育概念への問い直しが始まったのは、理念的には自律した個人間の対等な関係というフィクションの上に成立している近代市民社

会が孕むさまざまな矛盾を捉える認識枠組みが要請され、その中で市民社会を構成する原理として、教育の意味内容も再構成されることが求められてきたからだと思われる。

　ところで、社会契約というフィクションによって個人の自律性と社会の統治とを両立させようとした近代市民社会が、実は個人の主体化＝従属化によって構成される「規律・訓練的な社会（société disciplinaire）」[4]にほかならなかったということを暴き出したのは、周知のようにM.フーコーである。フーコーが規律・訓練という近代に特有の権力形式をモデル的に表象しているとみなしたものこそ、ベンサムのパノプティコン原理である。それゆえ、近代教育概念を問い直すにあたってはベンサムの教育論も当然検討の対象にされるべきだが、これまでの教育史、あるいは教育思想史研究において、ベンサムの思想が正面から取り上げられることは、なぜかほとんどなかった[5]。本書は、個人の自律性に依拠しつつ、なおかつ社会の統治はいかにして可能かをめぐって、社会契約というフィクションに代わる実質的なシステムを作ろうとしたジェレミー・ベンサム（Jeremy Bentham, 1748-1832）の立法論・社会統治論と、その根幹に位置していたとも言うべき教育論とを検討する。

　立法改革や議会改革を推し進めたベンサムにとって、教育とは何だったのか。本論の中で明らかにしていくように、ベンサムにとって教育は、私たちが自明のものとしている学校教育を中心とした文化のわかち伝えなどではなく、社会をよく統治するための基底と位置づけられていたと言える。それゆえ、ベンサムの教育論の検討は、近代市民社会が矛盾を抱えながらも成り立っている、その構成原理を明らかにすることになる。そして、近代に成立したと言われる教育概念は、社会統治のあり方の変容の中でこそ出立してくるのだということを示すことにもなるだろう。本書は先に見たいくつかの先行研究における近代教育概念の問い直しという問題意識を共有しつつ、生態系にまでわたる巨視的パースペクティブとも、また忘れられたeducation概念による教育史の書き換えとも違った方法、つまり立法や行政といった社会の構成と近代的個人の主体形成との連関の中から、近代教育概念のありようを照らし出そうとするものである。

　近代の社会統治を考える上で、大きな参照点となるのが、先にも述べたようにM.フーコーの理論である。フーコーを参照点としてベンサムを見ると、ベンサ

ムは、それ以前とは違う全く新しい統治形式が成立する画期をなすことがわかる。フーコーが刑罰制度に即して明らかにしたように、報復としての刑罰が18世紀末に予防・矯正としてのそれへと変わる際、市民への教授（instruction）となる刑罰と、監獄という装置による規律・訓練がせめぎあい——この両者をフーコーは、「処罰の都市（cité punitive）」と「矯正権を中心とする制度（institution coercitive）」と対比させている——後者が圧倒的になっていく[6]。いったん制度へと閉じこめられた規律・訓練は再び社会へと一般化する。それが規律・訓練的な社会であり、そのような社会を支える権力形式の範型としてベンサムのパノプティコン原理が位置づけられている。だが、規律・訓練を本来《反＝法律》だとして、「社会の法律的構造」という形式上の枠組みの裏面において、「事実上の権力機構を機能させていた」ものとみなすフーコーに対して[7]、立法論者ベンサムは、法律の議論を形式的議論としてそれとは別に、その裏面において、事実上の権力装置としてパノプティコンを考えていたわけでは決してない。フーコーの統治性論は、主権という法的枠組みとは別の「新しい権力の型（nouveau procédé de pouvoir）」[8]が出立し、展開するプロセスを問題にしたものである。そのような新しい権力メカニズムをフーコーは次のように特徴づける。「法律的権利によってではなく技術によって、法によってではなく標準化（normalisation）によって、刑罰によってではなく統制によって機能し、国家とその機関を越えてしまうレベルと形式において行使されるような権力」であると[9]。

　「新しい権力」メカニズムに対比されているのは、「立法的権力」である。にもかかわらず、立法論者であるベンサムが参照されているのはなぜだろう。フーコーはまた次のようにも述べている。「法はいよいよ常態＝基準（norm）として機能するということであり、法律制度は、調整機能をもっぱらとする一連の制度（医学的、行政的等々の）の連続体にますます組み込まれていく」[10]。法の果たす役割が決定的に変わってしまっているのだ[11]。周知のように、ブラックストーンの『英法釈義』への批判からその理論的営為を出発させたベンサムの立法論は、つねに立法改革論である。自然法による実定法の基礎づけを批判し、イギリスにおける法実証主義の出発点に位置するとみなされるベンサムにあっては[12]、法の効力を基礎づける論理も法それ自体に内属していなければならない。それゆえ法は、統治の働きも含むものになる。そこでは当然、統治作用が社会の構成員のど

のようなありようによって支えられるかが、主題化されることになる。つまり、ベンサムの立法論は、本来「反＝法律」[13]である規律・訓練、そしてその権力が作動する制度の隙間を埋めて規律・訓練を一般化していく高次の規律・訓練（méta-discipline）たるポリス[14]を、法の概念を拡大することによって再び法へと回収するようなものとしてある。フーコーを参照点としてベンサムを捉えると、このように、ベンサムの立法論が社会の統治（とそれを支える教育）をいかに組み込んでいたかを明らかにする手がかりをまずは与えてくれる。

　フーコーはまた、近代的統治の特質を、統治の実践に経済（economy）を導き入れることだとして、次のように述べている。「統治の技法を立ち上げる本質的な事柄は、次のことであると考える。すなわち政治的実践にeconomy（家政／経済）を導入すること、これである」[15]。統治実践に家政（economy）を導入すること、そのことによって逆に経済（economy）という領域が出立してくる、このダイナミズムのうちに近代的統治はある。

　このようなeconomyの意味変容は、オイコスとポリスという、私的領域と公的領域の区分に回収されない、「社会的なもの」の成立、すなわち近代的「市民社会」の成立に対応しているというのが、市民社会概念史において論じられてきたことである[16]。つまり、伝統的な国家＝市民社会（societas civilis）が解体され、「法的・政治的その他の諸関係」から切り離された「物質的な生活諸関係」としての市民社会、アダム・スミスの言うところの「商業社会（commercial society）」の成立である[17]。そのような市民社会を支えるのがレッセ・フェールの原則であるが、それは「自然かつ必要な調整の様式の動きを確保すること、すなわち自然な調整が働くような調整を作ること」を意味する[18]。そう理解するフーコーにとって、政治経済学（political economy）に基礎づけられた自由主義は、単なる政治・経済理論の一つではなく、「統治の技術に本質的にかかわる思考のスタイル」なのである[19]。

　フーコーの統治性論における近代的統治とは、このように社会における自由な経済活動の働きを保障する自由主義的統治であると言うことができる。ところが、フーコーがこの権力を次のように二つの極を持つものとしたため、フーコーの統治性論理解にある混乱が生じている。フーコーは言う。「具体的には、生に対するこの権力は、17世紀以来二つの主要な形態において発展してきた。この二つは相

容れないものではなく、むしろ中間項をなす関係の束によって結ばれた発展の二つの極を構成している」。一つは、「身体の行政管理（administration）」であり、これこそフーコーが『監視と処罰』で描こうとした規律・訓練を旨とする権力の実践である。この第一の極をフーコーは、「人間の身体の解剖—政治学（anatomo-politique de corps humain）」と名付けている。第二の極は「やや遅れて」形成されたもの、「種である身体」への介入と「調整する管理（contrôl régurateurs）」を行う「人口の生—政治学（bio-politique de la population）」である[20]。米谷園江は、この二つの極のうち、第二の極のみを、個々人の自由を与件とする自由主義の統治と捉え、規律・訓練を旨とする第一の極と区別しようとする。規律・訓練を旨とする権力は、「国家の構成要素である個々人の生とそれをとりまく事物とを、規則を定めることによって管理しようとするポリス」と結びついていて、自由主義の統治とは違うと説明される[21]。しかし、西洋近代のポリスの理論と実践についての白水浩信の浩瀚な研究によれば、自由主義とポリス論は補完的な関係にあるという[22]。本書の目的は、この問題に決着をつけることではない。しかし、規律・訓練権力のモデルであり、かつ、以下に見るように、個人の自由を社会の統治とどう結びつけるかを考えたベンサムの社会統治論を考察することは、フーコーの統治性論の明確化にもつながるはずである。すなわち、本書は、フーコーを参照点としつつも、その統治性論をあてはめてベンサムの思想を理解しようとするものではなく、ベンサムの思想を内在的に検討することで、フーコーが見ようとしていた近代的統治の内実を示していこうとするものである。

　いま述べたように、ベンサムにとっては、レッセ・フェールの原則に立って個人の自由を擁護しつつ統治をどのように貫徹させるかということが非常に大きな問題であった[23]。ベンサムの思想が自由主義的なものか、反対に権威主義的なものかをめぐっては、いわゆる「19世紀行政革命論争」[24]以来、ベンサム研究の課題であったが、今日においても決着がついているわけではない。J. ロールズの功利主義批判への反駁を試みたP. J. ケリーやベンサムの晩年の民主主義論に着目するF. ローゼンのように、ベンサムの自由主義的で「個人主義的（individualist）」側面を強調する立場[25]から、特に救貧論やパノプティコン論に着目しつつベンサムの思想が自由主義とは相容れない抑圧的で「権威主義的（authoritarian）」なものであったと厳しく批判するヒメルハーブやバーミュラー[26]まで幅がある。

ベンサム思想の抑圧的側面が論じられるのは、常に彼のパノプティコン、救貧論、間接的立法論をめぐってである。「ベンサムの『自由主義』は、しばしば功利（utility）への考察によって境界づけられる。見てきたように、それが最もはっきりとしているのは、彼の貧民管理と監獄改革計画において、そして『間接的立法論』という主題についての考察においてである」[27]。ベンサムのこれらの構想については、本論の中でそれぞれ検討するが、こうしたベンサムの一連の社会管理論が個々人の自由の抑圧とすぐに結びつくものではないというのが、現在のベンサム研究者のおおかたの見方だと思われる[28]。

ベンサムは、社会の幸福を実現する副次的目的として、生存・豊富・平等・安全を挙げ、そのうち安全（security）を最重要視する。「これらの法律の諸目的のうち、安全は唯一将来を含むものである。生存、豊富、平等はそのときだけ考えられるものだが、安全は、それが適用されるあらゆる財産（biens）において、時間の点で広がりを持つ。したがって、もっとも重要な目標は安全である」[TL, tome1: 169（294）][29]。「安全は、特にそして本質的に立法者の仕事である」[IPE: 311][30]。ベンサムにとっての安全は、期待の安全、悪政に対する安全、干渉できない個人の領域を確定することを意味し[31]、自由を実現する条件となるものである。「明晰な概念を作るためには、自由（liberté）を安全の一分肢（une branche de la sûreté）と考えるべきである」[TL, tome1: 170（294）]。本論において明らかにしていくように、個々人の自由な利益追求に依拠しつつ、全体の利益が損なわれないようにすること、これがベンサムの功利原理の内実である。そして、結論を先取りして言えば、ベンサムの教育論は、教育を通して自由主義的統治を実現しようとしたものであったと言えるだろう[32]。この意味において、ベンサムの教育論を主題化することは、教育がどのように近代市民社会を成り立たせているのかを捉えることになるはずである。

ベンサムの教育論を主題化することは、しかし、このような近代の統治原理との関係で重要であるばかりではない。これまでの教育史・教育思想史研究において、ベンサムが正面から取り上げられることはあまりなかったが、ベンサムの教育論は、イギリス教育史理解においても、意外に重要な位置を占めているのではないだろうか。そのことを次節で見ていきたい。

第2節　ベンサム教育論への三つの水脈

　いくつかの先行研究を見ていると、ベンサムの教育論は、これまで次のような三つの思想的水脈の中で理解されてきたように思われる。すなわち、(1)科学教育の進展、(2)環境による教育あるいは人間の完成可能性の追求、(3)政治経済学（political economy）における、社会統制としての教育論である。

(1)　科学教育の進展

　B. サイモンは『イギリス教育史』において、バーミンガムのルーナー協会や、マンチェスターの文学・哲学協会など、18世紀の後半に産業の発展とともに成長した都市における、産業家や知識人たちの作った協会に着目し、そこに集った人々を「教育改革の先駆者たち」と位置づけている。その多くの者が、ユニテリアンの傾向を持つ非国教徒であり、それゆえ彼らは「合理的で、世俗的で、人間味にあふれる道徳への志向」を持っていたとサイモンは指摘する[33]。1660年の王政復古以降、後にベンサムも苦しめられることになる審査法（Test Act）[34]によって、非国教徒は公職や教職から閉め出され、大学への道が閉ざされたため、多くの非国教派アカデミーが作られ、そこでは商工業に携わろうとする者に適した科学的なカリキュラムとその産業への応用が促進された。中でもプリーストリ（Joseph Priestley, 1733-1804）が教えたウォリントン・アカデミー[35]が有名であろうが、18世紀から19世紀の転換期には、約200のアカデミーがイングランドにあったと言われている[36]。サイモンが紹介している1760年のウォリントン・アカデミーのカリキュラムは、古典語、文法、修辞法、数学、自然哲学、英作文、フランス語、商業、経済地理などである。中産階級が中心的役割を担って各地に成立した文学・哲学協会は、「第二の科学革命」を牽引したのであり、そこに集まった人々は、グラマースクールの古典語教育偏重を批判し、自然科学教育を推し進めた[37]。アカデミーや文学・哲学協会における近代的カリキュラムは、後に見るようなベンサムのクレストメイシア学校におけるカリキュラムの土台をなしたと思われる。

　ハンスは、ベンサムが『クレストメイシア』を書いていた時期に、アカデミーの実践や、後にアカデミーと同じような理念の下に設立されたヘイズルウッド校

をよく知っていたし、アカデミーの校長たちとの個人的なつながりもあったと指摘している[38]。そこからハンスは、ベンサムの構想したカリキュラムは、文学や芸術などを排除するという「功利主義的な」修正をした上での既存の事例の繰り返しに過ぎず、オリジナルなものは何もないと指摘し、イツーキンもこのハンスの議論に賛意を示している[39]。だが重要なことは、ベンサムの構想にオリジナリティがあったかどうかではなく、例えば、ニューカッスル・アポン・タインの文学・哲学協会の図書館の1789年のカタログに、ゴッドウィンやプリーストリの著作とともにベンサムの『道徳と立法の原理序説』が載っていることが示しているように[40]、ベンサムの思想は、科学的知を追求する当時の思想的潮流[41]の中に位置づけられるものであり、後年構想するクレストメイシア学校もそうした潮流の中で生み出されてきたことを認識することであろう。

　このように、アカデミーにおける科学的・実学的な教育は、ベンサムの教育論に流れこむ一つの水脈を作っていたと思われるのだが、サイモンは以下のような形で、そのつながりに一定の留保をつけている。「ウォリントン・アカデミー、マンチェスター・アカデミー、およびハクニイにあったニュー・カレッジを創り出した階級は、18世紀の終わりにおいて、一時受け身の（defensive）の立場に回ったけれども、後になって盛り返し、破竹の勢いで進むことになる。しかし、それはその性格が変化した階級として、つまりその目的は狭いものになり、二つの主な戦線で――一方に地主的貴族制（landed aristocracy）に対するとともに、他方で新興プロレタリアートに対する――の鋭い闘争に深く関わる階級として、勢力を伸ばすことになる。こういった条件の下で、18世紀後期の教育的伝統は、一層狭い、功利主義的なものとなり、ある程度、抽象的、教条的な（doctrinaire）性質を帯びることになるという、新しい形態をとったのである」[42]。この点については、あと二つの水脈を見た上で、再び論じたい。

(2) 環境による教育

　サイモンはまた、18世紀の教育思想家が唯物論哲学の影響のもと、「人間は理性をもつ存在で、したがって完全さを求めて進歩することができるという信念、『子どもたちの心を形成する』ことは、可能であるばかりでなく必須のことでもあるという確信、教育のもつ全能的な影響力についての信頼」を持っていたことを指

摘している[43]。このような考え方に対して大きな影響を与えたのは、ハートリー（David Hartley, 1705-1757）の連合理論とエルヴェシウス（Claude Adrien Helvétius, 1715-1771）の思想である。「合理的で、唯物論的な人間の学習の理論を提供」し、「論理的に、人間の心が彼の環境、すなわち最も広い意味での教育によって形成されるという結論に導く」[44] 連合理論はロック（John Locke, 1632-1704）まで遡るものであるが、当時の教育思想家たちが依拠したのは、ハートリーの『人間の観察（*Observation of Man*）』（1749）である。もっとも、ハートリーにおいては「適切な事物や知識と快とを連合させて他者が人間を完全化していく、意識的な人間形成論としての教育論」の視点はまだ確立されておらず、それは、1775年に『人間の観察』を改作的に再版したプリーストリによって、あるいは、プリーストリ版を通してハートリーの連合論を受容したJ. ミル（James Mill, 1773-1836）によってなされることになる[45]。

また、エルヴェシウスについてはH. シルバーが次のように指摘している。「教育の全能的役割を強調するエルヴェシウスの理論は、18世紀末のイギリスのラディカルな思想家の間に人間の完成可能性（human perfectibility）についての信念が広がるのに主要な刺激であった。そして、19世紀にはいると、教育を通じた完成可能性というエルヴェシウスの考えは、議論の中心となる」[46]。人間本性の生得的決定論を否定し、教育による人間の完成可能性を信じる考えは、18世紀末までに二つの潮流に結晶化したとシルバーは述べる。一つは、ゴッドウィンやオウエンなどの「平等と正義についての革新的政治的信条（revolutionary political creed）」であり、もう一つが「最大多数の最大幸福」という功利主義的信条である[47]。

教育による人間の完成可能性を信じるこのような立場からすれば、階級や集団間の差違は、「教育の結果（effect of education）」ということになり、だとすれば理論的には適切な教育によって社会全体の平等を実現することが可能となるという議論へ展開していくはずである。J. ミルはそのことを『教育論』において次のように述べる。「いずれかの階級の人において形成されるものは何であっても、人類すべてにおいて形成されることが可能であることは確かである。教育とは何と努力のしがいのある領域であろうか。なんと大きな報償の得られるものであろうか」[48]。しかし同じ『教育論』において、ミルが知識の獲得にはそのための時

間が必要であり、「労働を免れている人にとっておかれるべき知の程度がある」と述べたことから[49]、ミルに代表される功利主義教育論は、「一見すべての人間に開かれているかにみえるこの無限の可能性論も、実質的には、知的発達を可能とする環境をもつ者だけの利益と幸福を保障し、労働者を労働者の完成態へ押しとどめていこうとする」民衆統制論へと転化していくと指摘される[50]。このような評価が下されるのは、功利主義教育論が、政治経済学における社会統制論と密接に結びついていたからだと思われる。これが第三の水脈である。

(3) 社会統制論としての教育

サイモンは、科学的な教育を求めていった中産階級が、労働者階級に対してはそれとは別の論理を持っていたことを指摘し、その論理の出自を次のように説明している。「功利主義者たちの提案は、主要には、政治経済学者の仕事から引き出された。政治経済学者の分析は、階級利害の衝突や資本主義の発展にとって必要な諸条件をある程度明らかにするものであった」[51]。シルバーが指摘するように、18世紀末から1820〜30年代には民衆教育という表現はなく、この領域の問題は、「貧民の教育（education of the poor）」という表現で語られていた[52]。つまり、民衆教育論は、増大する救貧税の問題も含めて、18世紀末から19世紀初頭にかけて大きな課題となっていた貧民問題へどう対処するかという議論の中から出立し、社会の再編という課題と結びついて展開されたのである。政治経済学者の社会統制論は、このような状況下において登場し、功利主義教育論もこの文脈において理解される。「1780年代以降の民衆教育についての思想は、新しい社会的理想の展開や社会変動問題への対応に条件づけられていた。このような状況において、新しい教育的考えや学校を設立しようという試みが、次のような様々な源泉から生まれてきた。1790年代の政治的ラディカリズム、博愛主義の伝統、ベンサムやレッセ・フェールの経済学者と結びついた功利主義、国教会における福音主義運動、ルソーの考えと結びついた教育的ラディカリズムである」[53]。

スミス（Adam Smith, 1723-1790）やマルサス（Thomas Robert Malthus, 1766-1834）は、社会秩序の安定を確保するために民衆に対する教育の必要性を説いている。「たとえ国家が下層階級の人々の教育から何一つ利益を引き出せないにしても、彼らが全く教育されないままで（uninstructed）おかれるべきではないと

いうことは、やはり国家が意を用いるに値することであろう。国家は彼らを教育することによって少なからぬ利益を引き出すのである。彼らは教育されればそれだけ、無知な国民の間にしばしば最も恐ろしい無秩序を引き起こす熱狂や迷信に迷うことが少なくなるからである」[54]。「イングランドの国民教育制度に対して提起された主要な反対論で私が聞いたものは、民衆がペインの著作のような書物を読む能力を身につけ、その結果は政府にとっておそらく致命的となるであろうというものである。しかしこの問題に関して私は、教育を受け十分に知識のある人々は無知な人々よりも、煽動的な著作によって感化されることが遙かに少なく、また私心のある野心的な煽動家の虚偽の演説を看破することにも優れていると考えるアダム・スミスに心から同意する」[55]。

　スミスをはじめとする政治経済学者たちが、経済領域では「レッセ・フェール」の原則を標榜しながら、政治的領域においては国家的統制を求めるという矛盾――アレヴィが「利益の自然的一致」と「利益の人為的一致」の間に見た矛盾[56]――に着目する立場からすれば、教育の領域においても、個々人の自由を伸長させる商工業の発展に対応した科学的カリキュラムと、今見たような社会統制のための教育とは大きな矛盾を抱えるものと捉えられる。それゆえサイモンは、アレヴィの議論にも依拠しながら、ミルの教育論について、「功利主義的教育理論の核心部における矛盾」を示すものとして次のような評価を下している。「万人の啓蒙についての熱烈な言辞と、全人類の向上のための手段としての教育への論究とにもかかわらず、ミルは、実際には、階級的方針にもとづく制約された体系を構想していた」[57]。アカデミーにおける科学的・実学的教育と功利主義教育とのつながりについて、サイモンが一定の留保をつけていると先に指摘したが、それはこのような、科学的教育とは矛盾する功利主義教育論における社会統制的側面を他方でサイモンが認めていたからであろう。

　前項で見た教育による完成可能性の議論も、功利主義教育論においては、民衆統制の議論へと転化すると指摘されていたように、これまで功利主義教育論はこのアレヴィ―サイモン路線で理解されてきた。もっとも、そのような階級統制の理論として持ち出されるのは、主にミルの『教育論』であるが、ベンサムに即しても、クレストメイシア学校とパノプティコン原理を適用した学校の違いに着目しつつ、そこに矛盾があったことが指摘されている。堀尾輝久によれば、近代教

育原則、とりわけ「国家は人間の内面形成に関与しないという」私事性原則からすれば、教育に対する国家介入は退けられねばならず、「レッセ・フェール」の思想に立つスミスもマルサスも、そしてベンサムも、これを支持するはずである。だが、これらブルジョア・イデオローグが、教育への国家介入を否定するのは、上・中流階級の教育に関してのみであり、「大衆教育の領域では国家ないし公的機関の介入が肯定され、その内容は宗教＝道徳教育を中心とし、秩序維持、犯罪予防の目標をもつ点で共通していた」[58]と堀尾は述べている。

以上見てきたような、ベンサムの教育思想に流れこんでいる三つの水脈、特に(1)と(3)は、教育史研究においては別々の系譜のものとして論じられてきた。すなわち、(1)で見た科学的教育の潮流は、中産階級の中等・高等教育への要求の高まりへと結びつけられる一方で、(3)の社会統制論は、教育の秩序維持機能を前面に押し出した国民教育論の文脈へと引き継がれていく。中等教育に国家行政が関わり始める19世紀後半までの時期については、この両者は、全く別の文脈でこれまで論じられてきた[59]。関連づけられたとしても、今見たように、両者は「原則」と「例外」、あるいは矛盾という形で、二重構造の下に理解されてきた。そして、(2)で見たような環境による人間の完成可能性を奉じる水脈も、この二重の理解に引き裂かれて、「本来」階級に関わりなく人間の平等性へと開かれる議論であったはずのものが、民衆統制論へ転化するという「矛盾」を示すものだと位置づけられてしまう。

しかしこれらの水脈が流れこむ先にあるベンサムの思想に即してみると、科学的で合理的な知を獲得することを通して自由を求めることと、変動する社会に対応していかに社会全体を統合していくかということとは、ひとつながりになった問題であったことがわかってくる。ベンサムの思想には個人の自由を擁護する側面と、社会の統治を貫徹させる側面とが併存している。ベンサムにあっては、自由と統治とは矛盾するものではなく、個人の自由を前提として、それを社会の統治といかに結びつけていくかが問題であった[60]。このことを明らかにしていくことが、本書の目的である。その一環として、彼の教育論が階級別に対応した二重構造を持っていたかについても検討する。このような作業を経ることによって、これまで別々の文脈において理解されてきた科学を中心とした中産階級向けの教育のあり方と、社会統制機能を重視した民衆教育とを立体的構造の中で捉えるこ

とが可能になるだろう。このように、ベンサムを主題化することは、これまで階級別に分断されて理解されてきたイギリス教育史の失われた環（missing link）を見出す手がかりを与えることになるかもしれないのである。

第3節　本書の構成

　以上のような問題関心のもとに、本書は次のような構成で論じていく。
　第1章では、『道徳と立法の原理序説』を中心とした初期ベンサムの立法論を検討する。ベンサムは教育術を統治の一形式と位置づける一方で、教育術は立法とは区別されるべき私的倫理の領域のものだとも言う。このずれを通してベンサムの立法論における教育の位置づけを明らかにする。ベンサムは、立法が介入できる領域を限定しようとするのだが、そこに自己統治をなしえない人々の弱さを見いだしてしまい、その「未成年性」を補うものとして法の概念を拡大していく。ベンサムの立法改革論が、そのように従来の法概念から逸脱した、まったく新しい法を作ることによって、法それ自体が人々の行為を方向づけることを目指すものであったことをまず明らかにする。このような法による人々の行為の方向づけをもっとも端的に表しているのが、「間接的立法論」である。人々の性向に働きかけて犯罪を予防しようとするこの法は、快楽を求め苦痛を避けようとする人々の情念の働きをうまく利用することによって、人々が違法行為を犯したり、反対に犯罪の犠牲者になったりすることから守ろうとするものである。そのためにベンサムは教育の力を重視する。「間接的立法論」において教育がどのように位置づいていたかを検討することによって、法による人々のふるまいの統制を実質的に機能させるものとして、教育がその立法論の根幹に位置するものだったことを明らかにしていく。
　第2章では、パノプティコン原理に基づく監獄と救貧施設に関する、ベンサムの施設経営論を検討する。この二つは、第3章で検討する『クレストメイシア』と合わせて、「教育理論に対してベンサムが特別な寄与を果たした主要な推進力を表象している」と指摘されている[61]。パノプティコンについては、フーコーにひきずられて、「見られずに見る」という監視の仕組みによって収容者が監視の視線を内面化し、常に監視されているという意識を生み出すことで秩序維持を図

ろうとするものだと捉えられてきた。だが、ベンサムの思想にまで立ち戻ってみると、それが視線の内面化のみによって秩序の維持を図るものではないことが明らかになってくる。ベンサムは、監獄を公的管理の下に置こうとする当時の監獄改良運動に全く反する形で、私的経営者に運営を請け負わせる監獄の民営化を主張していた。「利益と義務を結びつける原理」に基づいて、利益が義務を果たすことによって得られる仕組みをつくり、個々人の自由な利益追求によって施設の秩序維持が十全にはかられることを目指したのである。同様に、全国慈善会社の構想も、救貧事業の民営化によって救貧政策の行き詰まりを打破しようとするものであった。それは、個々の施設経営者の自由な利益追求を最大限に保障しながら、しかしなお、全国的に統一された救貧システムを作るという計画であった。これを実現するためにベンサムが依拠したものこそ、勤労院に徒弟として留め置かれる子どもの教育である。全国慈善会社の構想は、単なる貧民対策ではなく、勤労院生まれの子どもの教育を基軸にして社会全体を統治していくようなものであったことを明らかにしていく。

　ベンサムの立法論においても施設経営論においても、教育はそれらを機能させる根幹に位置づけられていることを明らかにした上で、第3章では、ベンサムの学校構想である『クレストメイシア』を検討する。『クレストメイシア』は中産階級子弟のための学校設立運動に導かれて書き始められたものではあるが、それは同時にベンサムが当時関心を寄せていた法典編纂の工作模型(ミニアチュア)として位置づけられることをまず明らかにする。秩序だったカリキュラムを段階的に学習させていくことで生徒に秩序の習慣を形成していこうとするクレストメイシア学校は、秩序だった法律によって秩序ある国民を形成するための練習問題とも言うべきものだったのである。クレストメイシア学校では、そのような秩序の習慣形成を実質的に保証する学校管理原理としてパノプティコンとモニトリアル・システムが取り入れられていた。クレストメイシア学校が、対象を中・上流階級に限定し、他方パノプティコン原理は監獄や救貧施設に適用されることから、クレストメイシア学校構想は、パノプティコン原理に基づく学校とは階級的に区別されるべきものとこれまで見なされてきた。しかし、『パノプティコン』と『クレストメイシア』というベンサムの両テクストを仔細に検討してみると、ベンサムは決して階級別の複線型学校体系を構想していたわけではないことがわかってくる。ベンサ

ムはまた、当時大衆教育の場で広く取り入れられていたモニトリアル・システムを、それが教授に関わる人やものを秩序立てて編成する点を重視して、クレストメイシア学校の管理原理として組み込んだ。立法者が個々の市民のふるまいを方向づけることはできないと考えていたベンサムは、にもかかわらず自己統治をなし得ない大多数の人々を前にして、社会の統治を貫徹させるシステムを作ろうとした。誰もがもつ快を求め苦を避ける個人の情念を基盤にして、その働きそのものがシステム全体の秩序維持に連接されていくようなシステムが必要であった。ベンサムは、モニトリアル・システムにそのような特質を読み込み、クレストメイシア学校の管理原理として採用したのである。

そして第4章では、ベンサムの教育論が目指した社会像を明らかにする。1810年代、いわゆるベル-ランカスター論争において、功利主義者たちはランカスターを支持し、ベルのシステムを支持する国民学校協会批判を行っていく。この論争において中心的役割を果たしたのは、ジェームズ・ミルであるが、ベンサムもまた国民協会批判を書いている。ベンサムは、ベルのシステムに全面的に依拠してクレストメイシア学校の管理原理を立てているので、その批判は、ベルのシステムの内容に関わる批判ではないことは明らかである。ミルのランカスター擁護論および、ベンサムの国民協会批判を通して見えてくるのは、功利主義者たちが、教育を通じてどのような社会をその先に見ていたかという点である。ここでは、ミルの「すべての者のための学校（Schools for All）」論と、ベンサムの『イギリス国教会主義（*Church-of-Englandism*）』の検討を中心に、功利主義教育論が目指していた社会像を明らかにする。

ベンサムは、近代社会を全く新しく創り出そうとした。しかも教育を通してそれをなそうとした。ベンサムの社会統治論と教育論の検討は、それゆえ、教育が近代社会の構成原理となる機制を明らかにしてくれるはずである。

注
1) 中内敏夫「教育の誕生 その後」叢書〈生む・育てる・教える―匿名の教育史〉1『〈教育〉―誕生と終焉』藤原書店 1990, 12頁。
2) 宮澤の「大人と子供の関係史」についてはさしあたり、『大人と子供の関係史序説―教育学と歴史的方法―』柏書房 1998,「大人と子供の関係史の展望―メタ教育学としての教育関係史の可能性―」（大人と子供の関係史研究会『大人と子供の関係史 第一論集』1994）など

を参照。その関係論を地球生命圏にまで広げて考えようとしたものとして、同「自然の開発と人間の発達」宮澤康人編著『教育文化論―発達と環境と教育関係―』放送大学教育振興会2002参照。
3）寺﨑弘昭「教育関係構造史研究入門―教育における力・関係・ハビトゥス―」『東京大学教育学部紀要』第32巻 1993, 同『ヨーロッパ教育関連語彙の系譜に関する基礎的研究』平成13-15年度科学研究費補助金研究成果報告書 2004など参照。
4）Foucault, M., *Surveiller et punir: Naissance de la prison*, Gallimard, 1975, p. 211, 田村俶訳『監獄の誕生―監視と処罰』新潮社 1977, 211頁。
5）唯一の例外が、フーコーの『監視と処罰』以前にベンサムの教育論に着目し、それが近代市民社会を克服しようとする試みであったことを剔抉した宮澤康人の1961年の論文である（「ベンタミズムの『公教育』概念―その政治的背景―」『教育学研究』第28巻第1号 1961）。他に Itzkin, E. S., Bentham's Chrestomathia: Utilitarian Legacy to English Education, *Journal of History of Ideas*, Vol. 30, No. 2, 1978とそれを批判した Taylor, B., A Note in Response to Itzkins's "Bentham's Chrestomathia: Utilitarian Legacy to English Education", *Journal of the History of Ideas*, Vol. 43, No. 2, 1983もあるが、本論の中で見ていくように、イツーキンはベンサムの理論を読み誤っているし、「ジェレミー・ベンサムとイギリスにおける貧民教育」と題された博士論文を書いたテイラーも、ベンサムの教育論を追うのみで、それが彼の社会統治論全体の中で持っていた意味を見ていない（Taylor, B. W., *Jeremy Bentham and the Education of the Poor in England*, Ph. D. thesis, The University of Alberta, 1978）。
6）Foucault, *op.cit*. [1975] chap. 2.
7）*ibid*., p. 224, 222頁。
8）Foucault, M., *Histoire de la sexualité 1, La volonté de savoir*, Gallimard, 1976, pp. 117-118, 渡辺守章訳『性の歴史Ⅰ 知への意志』新潮社 1986, 116頁。
9）*ibid*., p. 118, 116頁。
10）*ibid*., p. 190, 182頁。
11）関曠野は、資本主義を「社会の日常的経済活動を場として成立する、史上に前例のない包括的で隙間のない権力と支配の様式である」とした上で次のように述べている。「従って資本主義社会を日常的＝継続的に統治している『真の』法は、権利の宣言としての法ではなく、国家の官僚制が操る社会統制の手段としての法であり、この法の内実をなすものは資本の権力と貨幣の規範によるディシプリンにほかならない」（「教育のニヒリズム」『現代思想』Vo.13 No. 12, 1985, 180頁）。さらに興味深いことに、権利としての法がディシプリンにとって替わられるにあたって重要な役割を果たしたのが学校であると指摘されている。関は続けて次のように述べている。「公民権は、本来、成人が公共社会の一員として承認され成人として享受する権利であり、子供と大人、家族と国家の明確な境界設定の上にのみ存在する権利である。しかるに学校は、まさに子供と大人、家族と国家の中間地帯に介入し、この境界を不明確なものにして破壊し、制度を法に、公民権を国民の義務に置きかえる。ディシプリンは家庭内で親が子供に対して行なうしつけと将来の公民の政治的訓練を同一視するものであり、その結果、人間は法的権利の主体から快と苦の条件反射によって誘導され操作されるホモ・エコノミクスに転落する」（同上）。快と苦によって誘導される人間像を明確に打ち出し

たのは、ヒュームの社会契約説批判を徹底したベンサムその人である。だが問題は、そのように快と苦によって誘導される人間によって構成される社会において、なにゆえにディシプリンが機能するかという問題である。この点を明らかにするのが本書の課題の一つである。

12) 深田三徳『法実証主義と功利主義―ベンサムとその周辺―』木鐸社1984, 21頁、神成嘉光『ベンサム法思想の研究』八千代出版 1993, 56頁など参照。
13) Foucault, *op.cit.*［1975］p. 224, 223頁。
14) *ibid.*, p. 216, 215頁。
15) Foucault, M., Governmentality, in; Burchell G. et al. eds., *The Foucault Effect*, The University of Chicago Press, 1991, p. 92. フーコーは、よき統治を「経済的統治（economic government）」と呼んだケネーに対して、次のように述べている。「このような概念はトートロジカルなものとなる。というのも、統治術とは、経済という形式において、経済というモデルに従って権力を行使する技術そのものだからである」(*ibid.*)。
16) 成瀬治『近代市民社会の成立』東京大学出版会 1984, 167頁、リーデル, M.『市民社会の概念史』以文社 1990, 51頁など参照。
17) 成瀬 前掲書、216頁参照。ここにおいて、現在私たちが理解する意味でのeconomyが成立する。そのとき、家族は統治のモデルというよりも統治の道具としての位置を与えられるようになる（Foucault, *op.cit.* [1991] p. 100）。このような国家と家族の関係の変容については、Donzelot, J., *La police des familles*, Minuit, 1977, 宇波彰訳『家族に介入する社会』新曜社1991参照。
18) Gordon, C., Governmental Rationality, in; Burchell G. et al. eds., *op.cit.*, p. 17.
19) *ibid.*, p. 14.
20) Foucault, *op.cit.* [1976] p. 183, 176-177頁。
21) 米谷園江「ミシェル・フーコーの統治性研究」『思想』No. 870, 1996, 89頁。
22) 白水浩信『ポリスとしての教育―教育的統治のアルケオロジー―』東京大学出版会 2004, 177頁。
23) フーコーの統治性論にも依拠しつつ、「ベンサムを通して経済の論理が法を統治戦略へと変換する」様相を描き出そうとしたものに、Engelmann, S. G., *Imagining Interest in Political Thought: Origins of Economic Rationality*, Duke University Press, 2003.
24) 1833年の教育国庫補助金や1839年の枢密院教育委員会の設置など、一連の教育制度改革も含め、イギリスでは19世紀の第二、第三四半世紀に、さまざまな中央行政機関が創設され、地方行政や民間団体への行政的介入が行われるようになる。こうした「行政あるいは統治革命（administrative or governmental revolution）」を引き起こす動因として、ベンサム主義がどの程度の役割を果たしたかが論じられ、またそれとの関連で、ベンサムの思想をどう評価するか（自由主義的か、権威主義的か）をめぐって1950年代末以来行政史家の間で行われた論争である。行政革命論争については、井上洋「『十九世紀イギリス行政革命』論争」に関する一考察（一）（二）」（名古屋大学『法政論集』第93号・第94号 1982・1983）、岡田与好「自由放任主義と社会改革―『十九世紀行政革命』論争に寄せて―」（東京大学社会科学研究所『社会科学研究』第27巻第4号 1976）、澤田庸三「19世紀イギリスの中央・地方関係の成立に関する一視点について―『19世紀行政革命論争』を手掛かりに―」（関西学院大学法政学

会『法と政治』第40巻第3号 1989), 同「19世紀イギリスの中央・地方関係の成立過程に関する一視点について―ベンサム主義者とE.チャドウィックの関係を手掛かりに―」(『年報 行政研究』第25号 1990) など参照。

25) Kelly, P. J., *Utilitarianism and Distributive Justice: Jeremy Bentham and Civil Law*, Clarendon Press, 1990, Rosen, F., *Jeremy Bentham and Representative Democracy: A Study of the Constitutional Code*, Clarendon Press, 1983.

26) Himmelfarb, The Haunted House of Jeremy Bentham, *Victorian Minds: A Study of Intellectuals in Crisis and Ideologies in Transition*, Elephant Paperbacks, 1995, Bahmueller, C. F., *The National Charity Company: Jeremy Bentham's Silent Revolution*, University of California Press, 1981. 教育学においても、同様の見方がある。Tarrant, J., Utilitarianism, Education and the Philosophy of Moral Insignificance, *Journal of Philosophy of Education*, Vol. 25, No. 1, 1991.

27) Crimmins, J. E., *On Bentham*, Wardsworth, 2004, p. 76.

28) さしあたり、Dinwiddy, J., *Bentham*, Oxford University Press, 1989, pp. 106-108, 永井義雄・近藤加代子訳『ベンサム』日本経済評論社 1993, 173-177頁。こうしたベンサム研究の布置連関については、Crimmins, J. E., Contending Interpretations of Bentham's Utilitarianism, *Canadian Journal of Political Science*, Vol. 39, No. 4, 1996参照。但し、ここでクリミンズは、ディンウィディを権威主義的ベンサムを強調する立場の方に分類している。ディンウィディの主張は、ベンサムの自由概念が、私的な領域と社会的活動それぞれに、別の論理をもっているというところに強調点があるように思われる。

29) *Traités de Legislation Civile et Pénale*, par Jérémie Bentham, Dumont, Ét., éd., 3ème éd., 3tomes, 1830, 長谷川正安訳『民事および刑事立法論』勁草書房 1998. 以下 TL と略記する。以下、ベンサムの著作については、それぞれ略号を用い、角括弧内に略号と頁数を示す。TLに関してのみ、長谷川訳の頁数も丸括弧内に付加する。

30) Institute of Political Economy, in; Stark, ed., *Jeremy Bentham's Economic Writings*, George Allen & Unwin Ltd., Vol. 3, 1954, p. 311, 以下 IPE と略記する。

31) Kelly, P. J., Classical Utilitarianism and the Concept of Freedom: a Response to the Republican Critique, *Journal of Political Ideologies*, No. 6, 2001, pp. 23-4.

32) ゴードンは、フーコーの自由主義的統治について、安全という新たなカテゴリーでその統治の技法を捉える必要があり、「ベンサムの立法の科学は、この点においてもまた、ポリスの科学においてそうであったように、定言的な (categorical) なものであった」ことを指摘している (Gordon, *op.cit.*, p. 19)。

33) Simon, B., *Studies in the History of Education: The Two Nations and the Educational Structure, 1780-1870*, Lawrence & Wishart, 1974, p. 44, 成田克矢訳『イギリス教育史Ⅰ』亜紀書房 1977, 37-38頁。

34) 1673年のこの法によって、オックスフォード、ケンブリッジの入学時・卒業時に、国教会の39箇条の信仰箇条に宣誓署名することが義務づけられた。1760年12歳でオックスフォード大学に入学したベンサムは、若すぎるという理由で一時猶予されたが、結局、39箇条に疑問を持ったまま署名をした (この点については、永井義雄『ベンサム』人類の知的遺産

44 講談社 1982, 47-50頁，同『ベンサム』イギリス思想叢書7 研究社 2003, 15-18頁参照）。ベンサムは後にこのことを次のように述懐している。「私は署名した。—しかし、強制されて行ったという見方によって、生涯私について離れないだろう印象が形づくられた」(*Church-of-Englandism and its Catechism Examined: Preceded by Strictures on the Exclusionary System, as Pursued in the National Society's Schools: Interspersed with Parallel Views of the English and Scottish Established and Non-Established Churches: And Concluding with Remedies Proposed for Abuses Indicated: And an Examination of the Parliamentary System of Church Reform Lately Pursued, and Still Pursuing: Including the Proposed New Churches*, London, 1818 Preface, p. xxi. 以下 CE と略記する。

35) ウォリントン・アカデミーについては、三時眞貴子「ウォリントン・アカデミー（Warrington Academy, 1757～86年）の設立—J. セドンの活動を中心に—」『日本の教育史学』第44集 2001参照。

36) Hans, N., Bentham and the Utilitarians, in; Judges, A. V. ed., *Pioneers of English Education*, Faber & Faber, 1952, p. 92.

37) 松塚俊三「イギリス近代の地域社会と『第二の科学革命』—ニューカースル文芸・哲学協会をめぐって—」『史学雑誌』第98編第9号 1989。

38) Hans, *op.cit.*, p. 902. ヘイズルウッド校がベンサムのクレストメイシア学校構想と似ていることを指摘したものとして、Stewart, W. A. C. & McCann, W. P., *The Educational Innovators 1750-1880*, Macmillan, 1967, p. 101がある。ベンサムは、1824年にギリシアの若者二人を引き受けた時に、この二人をヘイズルウッド校に送りこんでいる (Bentham, J., *'Legislator of the World': Writing on Codification, Law and Education*, Schofield, Ph., Harris, J. eds., The Collected Works of Jeremy Bentham, Clarendon Press, 1998, pp. 357-358. 以下 LW と略記する)。また永井義雄も、ベンサムがヘイズルウッド校に雑誌を寄贈したことなどを示して、ベンサムとヘイズルウッド校との結びつきを指摘している（永井義雄「イギリス急進主義の教育理論と実践—ヘイズルウッド校をめぐって—」宮本憲一・大江志乃夫・永井義雄『市民社会の思想』御茶の水書房 1983, 303頁）。ただし永井は、後には「パノプティコン原理を採用せず、かなり賞罰を餌に勉強させる方式を取ったことなどの両者の質的違いを重く見たい」と述べている（永井 前掲書 [2003] 252頁）。

39) Hans, *ibid.*, p. 93, Itzkin, E. S., *op.cit.*, p. 315.

40) Silver, H., *The Concept of Popular Education: A Study of Ideas and Social Movements in the Early Nineteenth Century,* Macgibbon & Kee, 1965, p. 84.

41) 柏木肇は、新興ブルジョアが、自らをひとつの社会的勢力として正当化する際に、科学に依拠した経緯を論じている。彼らは、経済的実力に見合う統治能力を科学によって得ようとしたというのである（柏木肇『和しつ諍う知の司祭』『科学と国家と宗教』平凡社 1995, 135頁）。

42) Simon, *op.cit.*, p. 70, 69頁。

43) Simon, *ibid.*, pp. 44-45, 38頁。

44) *ibid.*, p. 45, 39頁。

45) 安川哲夫「ジョゼフ・プリーストリ—教育による進歩の思想の確立者—」白石晃一・三

笠乙彦編『現代に生きる教育思想2―イギリス―』ぎょうせい 1982, 66頁。ハートリの『人間の観察』をプリーストリがどのように編集していったかということについては、安川哲夫「Hartleian における観念連合論と進歩の観念―近代イギリス教育思想史研究の一環として―」『日本の教育史学』第21集 1978に詳しい。

46) Silver, *op.cit.*, pp. 62-63.
47) *ibid.*, p. 54.
48) Burston, W. H. ed., *James Mill on Education*, Cambridge University Press, 1969, p. 52, 小川晃一訳『教育論・政府論』岩波文庫 1983, 30頁。
49) *ibid.*, pp. 106-107, 97頁。
50) 安川哲夫「J.ミルにおける功利主義教育論の成立基盤―賞罰・連合理論を中心として―」『九州教育学会紀要』第5巻 1977, 71頁。
51) Simon, *op.cit.*, p. 138, 156頁。
52) Silver, *op.cit.*, p. 13.
53) Lawson, J. & Silver, H., *A Social History of Education in England*, Methuen, 1973, p. 228.
54) Smith, A., *An Inquiry into the Nature and Causes of the Wealth of Nations II*, Campbell, R. H. & Skinner, A. S. eds., Clarendon Press, 1976, p. 788, 大内兵衛・松川七郎訳『諸国民の富（四）』岩波文庫 1966, 169頁。
55) Malthus, T. R., *An Essay on the Principles of Population, or a View of its Past and Present Effects on Human Happiness*, 7th. ed., 1872, Reprints of Economic Classics, Augustus M. Kelley Publishers, 1971, p. 439, 大淵寛ほか訳『人口論名著選集1　人口の原理（第6版）』中央大学出版部 1985, 600頁。
56) Halévy, E., *The Growth of Philosophic Radicalism*, trans. by Morris, M., Faber & Faber, 1929, rep. 1949, pp. 88-107.
57) Simon, *op.cit.*, p. 148, 169頁。
58) 堀尾輝久『現代教育の思想と構造』岩波書店 1971, 26頁。
59) 例えば、オールドリッチは、イギリス教育史の概説書において、初等・中等・高等教育をそれぞれ別の章に配し、モニトリアル・システムが中等教育にも用いられる場合があったことを指摘しながら、中等教育の章ではそのことには触れず、民衆教育としての初等教育と、中・上流階級向けの中等教育を別の文脈としてそれぞれ論じている（Aldrich, R., *An Introduction to the History of Education*, Hodder and Stoughton, 1982）。
60) 宮澤康人は、ベンサムの議論は、国家による教育の完全掌握ではなく、「むしろ『一時的』国家介入によって自由放任の社会（市民社会）を完成することを目指していた」ものだと指摘している。社会を成り立たせている自由主義の思想と、国家による統治の問題が、ベンサムにおいてはまさに「立体的構造」をもって組み込まれていたと捉えている（宮澤 前掲論文［1961］）。本書は、その構造がどのようなものなのかを、ベンサムの立法論・施設経営論・教育論に即して明らかにしていく作業と言うこともできる。しかし、その作業は、宮澤の言うような「一時的」国家介入による自由放任の完成とは別の構造を浮かび上がらせることになるだろう。
61) Taylor, B., *op.cit.*〔1983〕p. 313.

第1章　ベンサム立法論における統治と教育

第1節　個人の利益と社会の統治

　「自然は人類を苦痛（*pain*）と快楽（*pleasure*）という、二人の主権者の統治（governance）のもとにおいてきた。われわれが何をしなければならないかということを指示し、またわれわれが何をするであろうかということを決定するのは、ただ苦痛と快楽だけである」[IPML:11][1]（強調部分は原文イタリック・以下断らない限り同様）。

　これはあまりにも有名な、ベンサムの『道徳と立法の原理序説』（以下『序説』と略記）の第1章冒頭部である。このような快苦に統治された人間によって構成される社会がどのように統治され得るのか。市場におけるレッセ・フェールの原則をアダム・スミス以上に徹底させようとした[2]ベンサムにとって、ホモ・エコノミクスたる個人の利益追求と社会の秩序維持とが、どのように調整され得るのかということがその社会統治論の課題となる。ベンサムにとっては、快苦に支配される人間によって構成される社会を統治し得るメカニズムが、立法という形で、全く新たに作り上げられる必要があったのである。
　ところでベンサムは、社会を次のように定義している。

　「社会（community）とは、いわばその諸器官（*members*）を構成すると考えられる個々の人々によって形成される擬制的な体（a fictitious *body*）である」[IPML:12]。

　そもそもベンサムは、政体（body politic）を自然的身体（body natural）とのアナロジーで捉え、立法術を医術に擬している [IPML:9]。政治的身体は、自然的身体において解剖学が見いだすような諸器官の構成と同型的に理解される[3]。このように、政体を身体とアナロジカルに、諸器官の関係システムとして捉えた

場合、社会の統治の問題は、そのようなシステムがうまく機能するかどうか、ということになる。それゆえベンサムの統治論は、統治の働き（the operations of the government）が阻害されず、あるべきように働くにはいかにすればよいかをめぐって展開される［IPML:200］。そのような統治が働く布置をあらかじめ作るのが、「ポリスの予防的領域」と呼ばれるものだと、ベンサムは述べている［IPML:198］。統治があるべきように働く布置とはいかなるものか。ベンサムの立法論はここに照準していくのだが、功利の原理に立法の根拠を求めるベンサムの理論は、個人の自由を抑圧して統治を貫徹させるようなものでは決してない。

『序説』第7章冒頭において、ベンサムは次のように述べている。

「統治の仕事は、刑罰と報償とによって社会の幸福を増進することである。(The business of government is to promote the happiness of the society, by punishing and rewarding.)」［IPML:74］。

とは言うものの、ベンサムは次のようにも言う。

「しかし、立法者が主として左右することができるのは、苦痛または苦痛を与える種類の諸原因である。立法者は、快楽を与える種類の諸原因については、ときおりの偶然以外には、ほとんど何事もなすことはできない」［IPML:70］。

立法者が諸個人に働きかけることが可能なのは、刑罰によってのみであり、この著作の後半の大部分が犯罪とそれに対応する刑罰の分類に充てられるのもそれゆえである。だがさらに、ベンサムはこの書の最終章である第17章を「法学の刑法部門の限界について」と題している。この章の主題は、立法術と私的倫理（private ethics）の区別であり、立法術が立ち入ることのできる範囲を確定することである。

私的倫理とは、「それぞれの人が自分の幸福にもっとも資するような方向をとるようにする（dispose himself）にはどうすれば良いかを教える」のに対し、立法術は、「社会を構成している多数の人が、社会全体の幸福（the happiness of the whole community）に最も資するような方向をとるようにするにはどうすれば良

いかを教える」ものである［IPML:293］。私的倫理は立法の介入する領域を超えたものなのであるが、上の叙述の同型性が示すように、両者は対象とするのが自己か他者かという違いだけであって、作用としては同型だと捉えられている。その同型性を担っているのが、統治という作用である。自己の行為を導く術である私的倫理をベンサムは「自己統治の術（art of self-government）」と言いかえ、他方、他の人間の行為を導く術を総体として「統治術」と呼んでいる［IPML:282-283］。そして両者は、統治の働きとしては同型だというのである。

さらに、ベンサムは次のように述べる。

「未成年状態にある人の行為を導くことに関する統治術は教育術（art of *education*）と呼ばれる」［IPML:283］。

『序説』第17章での議論を整理すると〈表1－1〉のようになり、ベンサムにおいて教育は統治の一形式として論じられていると、とりあえずは言うことができる。だが、今見たように、ベンサムの統治論は、社会の統治のみを論じるものではなく、自己の統治と他者の統治をともに問題にするものであるので、ことはそう単純ではない。たとえば、ベンサムは後見人と被後見人の関係について次のように論じている。

「後見人の仕事は、被後見人が自分自身を統治（govern himself）すべき方法で、被後見人を確かに統治する（govern）ことである」［IPML:246］。

自己を統治することと他者を統治することとは切り離せない一つの働きとして理解されている。しかもその後に、ベンサムは、どのように自分自身の行為を統治するかを教授する（instruct）のは私的倫理の仕事であると述べた上で、次のように言う。

「未成年の間、その幸福が託されている人の行為をどのように統治するかを諸個人に教授するのは私的教育術（the art of private education）の仕事である。したがって、その目的のために与えられる規則の詳細については、‥‥立法術に属する

ものではない。というのも、後に詳しく論じるように、そのような詳細は、立法者によって与えられても何の利点もないからである。」［IPML:246-7］。

「後に詳しく論じる」として、参照指示されているのが、〈表1－1〉を導き出した第17章第1節である。そこでの論述と今引用した部分をつきあわせてみると、教育の位置が微妙にずれてくる。

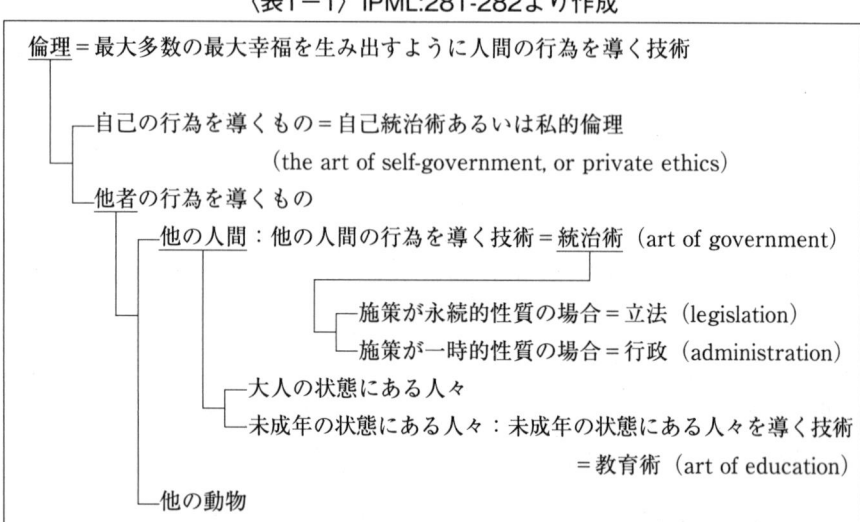

〈表1－1〉 IPML:281-282より作成

第17章の論述にしたがえば、教育は、私的倫理と区別された統治術のうち、未成年状態にある人の行為を導く術とされていた。だが、上の叙述では、むしろ私的倫理と結びつけられて、自己統治をモデルとした他者統治こそ教育術であると論じられ、立法術とは区別されている。いったん分けられた自己統治あるいは私的倫理と、統治術及び立法は、教育術を介してつながってしまうのである。これはいったいどういうことか。私的倫理と立法術との違いについてベンサムが述べているところをさらに見てみよう。

ベンサムは言う。

「私的倫理と立法術は手を携えてものごとを進めていく。それらが実現しようとし

ている、あるいは実現すべき目的は同じ性質のものである。それらがその幸福を考慮すべき人々、またそれらがそのふるまいを方向づけようとすべき人々は全く同じである」［IPML:285］。

では何が違うのか。

「個人が彼自身のあるいは同胞の幸福を生み出そうとして自分自身のふるまいを方向づけてはならないという場合はないが、立法者は（少なくとも直接的には、そして特定の個人の行為に直接的に適用される刑罰という手段によっては）社会の他のある成員のふるまいを方向づけようとしてはならない場合がある」［IPML:285］。

　立法者がある個人に対して、社会の幸福に資するようなふるまいをするように方向づけることはできない。「個人については立法者は何も知ることはできない」［IPML:290］と述べるベンサムにとって、立法者にできることと言えば、多数の人のふるまいの大枠（those broad lines of conduct）に関してだけなのである［IPML:290］。ここまで論じてくると、教育の位置が明らかになってくる。立法は個々人のふるまいに介入することはできない。唯一できるとすれば、対象が未成年状態にある場合だけである。その限りにおいて、立法の働きは私的倫理と全く同じものとなる。『序説』第17章では、他者を統治する立法と自己統治たる私的倫理とは区別され、立法は社会の成員のふるまいを直接方向づけてはならないとされているのだが、教育という場において、立法と私的倫理とは、いわば裏で手を結び、立法者が社会の成員のふるまいに関わる足がかりが与えられる。つまり、自己統治と他者統治とをつなぐものとして教育は位置づいているのである。
　このような教育の位置づけが含意していることとはどのようなことであろうか。やや先走って述べるならば、以下のようになる。未成年を対象とした他者統治においてのみ、自己統治と同じように個人の行為の方向づけが可能になる。このことは逆に、立法者が社会の成員を未成年に擬することによって、諸個人の行為に介入する場を開くことになる。ベンサムは、人々の自己統治に任せる形で立法の範囲を限定しようとするのだが、そのことで逆に自己統治をなしえない人々の「未成年性」を見いだしてしまい、それを補完するために立法の範囲を拡大する

ことになる。たとえば、デュモンが編集した『民事および刑事立法論』に、いま見た『序説』第17章とほぼ同じ論脈の「道徳と立法を分ける境界について」という章がある。そこでも、「個人こそ、その利害の最良の判定者なのであるから」、「彼らが相互に傷つけ合うことを防止するため以外に法律の力を行使させないようにしよう」という一般的規則を確認したそのすぐ後で、ベンサムは次のように述べている。

「個人が自分と他人の利害の関連に気づくためには、教養ある精神と、誘惑的な情念から自由な心が必要である。大多数の人間は、その誠実さ（probité）が法律の助けなしで済むほど、十分な知識、十分な魂の力、十分な道徳的感受性を持っていない。立法者は、この自然の利害の弱さを補って、より鋭敏で恒常的な人為的利害をそれに加えるべきである」[TL, tome1:114（92）][4]。

ベンサムは、『序説』の続編である『法一般について』[5]において、法の定義を広く取ることによって、ミクロな統治関係にまで法の範囲を拡大していく。まず冒頭で、「法律とは、一定の場合に、主権者の権力に従属している、あるいは従属していると規定されるある人あるいはある一群の人々によって遵守されるべき行為に関して、一国の主権者が抱いた、あるいは採用した意志を宣言する諸記号の集合体だと定義することができよう」[OG:1][6]とした上で、「この定義が認められるならば、法という語の下に私たちは、司法的命令の、軍事的あるいはその他の種類の行政的命令（executive order）、あるいはもっとも些末で一時的な家庭内の命令でさえ含めなければならない」[OG:13]と述べる。なぜそのようなものも含まれるかと言えば、主権者の意志が直接宣言されたものだけが法なのではなく、下位の権限保持者たちが発した命令も、主権者はあらかじめ採用している（pre-adoption）と捉えるからである[7]。それゆえ次のように言われる。「主人、父、夫、後見人の指令はすべて主権者の指令である」[OG:22]。そもそも、自然法を徹底的に批判したところから立法論を出発させたベンサムにとって、法を基礎づけるものは、主権者の意志以外にはない。そして、家族内の関係もすべて主権者の意志へと回収しようとするベンサムは、家族関係さえも、人間自然に根拠づけられるものではないことを示す。自然を肩代わりするものとして、あるいは

自然を下支えするものとして、法の概念は拡大していくのである[8]。

たとえばベンサムは、自然法に依拠して子に対する親の義務を導き出すブラックストーンを批判して次のように述べている。

> 「両親はその子どもを育てる構えができている (Le parens *sont disposé* à élever leurs enfans)。両親はその子どもを育てなければならない。ここに二つの異なる命題がある。第一は第二を前提としない。第二は第一を前提としない。両親にその子どもを扶養する義務を課すためには、もちろん非常に強力な理由がある。なぜブラックストーンやモンテスキューはそれを示そうとしないのか。なぜ彼らは自然の法律 (*loi de la nature*) と呼ぶものを参照するのか。別の立法者の二次的な法律を必要とする自然の法律とは何か。モンテスキューが言うように、自然の義務が存在しても、結婚の基礎として役立つことがないなら、その義務は少なくとも彼が設定した目的にとって無用なことを証明するであろう。結婚の目標の一つは、明らかに自然の愛情の不足を補う (suppléer) ことにある。それは、教育 (éducation) の苦痛とわずらわしさを克服できるほど必ずしも強くない両親の性向 (inclination) を義務に変えることを目指している。人間は自分自身の維持に備える強い構えがある。だから、それを義務づける法律は作られない。子どもの扶養 (entretien) に備える両親の構え (disposition) が、常にどこでも同じように強ければ、立法者の精神に義務を作ろうという気は決して起きなかったであろう」[TL:tome1, 145-146 (111-112)]。

法は、他者の利益に資するという点においては弱い自然の性向を補うものと位置づけられている。しかも法は、自然の代わりに性向あるいは行為への構えを形成する[9]。まさに、法は自然を補いつつそれに置き換わってしまうようなものとしてある。

このように法の概念を拡大することでベンサムは、法によって個人の行為を方向づける道を開く[10]。それゆえ、立法術は「社会を構成している多数の人が、社会全体の幸福に最も資するような方向をとるようにするにはどうすれば良いかを教える」[IPML:293] ものと規定されるのである。そもそもベンサムの立法論は、「教育論的立法論」[11] とも呼ばれるように、ベンサムの思想における立法と教育

の密接な関係については、先行研究においても繰り返し言及されている[12]。だが、上の引用で「教える」と言われていることの中身がはっきりしないのと同様、立法と教育とがどのように結びついているのかについては、これまで明確にされてこなかった。

この点を考えるために、次節では、ベンサムの「間接的立法論(犯罪を予防する間接的方法について)」を検討する。これは、刑罰によって市民社会の秩序維持を図る「直接的立法」とは違い、「人々の性向(inclination)」に働きかけて事前に犯罪を予防しようとするものである。ベンサムは、統治をあるべきように働かせる布置をつくるのを「ポリスの予防的領域」だとしていた［IPML:198］。ディンウィディが指摘しているように、「刑法の制定および直接的施行とは別個の、統治行為の諸形態を含む一連の諸施策を考察した」この間接的立法論は、「ポリスについての18世紀の著述家たちの仕事から選び出されたものであった」[13]。「間接的立法論」において教育がどのように論じられているかを考察して、ベンサムの立法思想における統治と教育との関係を明らかにしたい[14]。

第2節　間接的立法論における教育論

(1)　間接的立法論について
前節で見た『法一般について』の末尾でベンサムは次のように述べている。

> 「立法は一つの戦闘状態である。政治的不法行為は敵である。立法者は指揮官である。道徳的および宗教的サンクションは彼の同盟軍である。刑罰と報償(そのあるものは自力で調達され、別のものはそれら同盟軍から借用された)とは、彼の指揮下にある諸力である。刑罰は彼の正規の常備軍であり、報償は単独で行動するには弱すぎる臨時の補助兵力である。本章でわれわれが取り扱ってきた部門である法の機械的部門は、戦術の技術である。直接的立法は、広い戦場で彼の軍隊の主力部隊により行われる正式攻撃であり、間接立法は、戦略の途中で行われる、連結した長期共同作戦のうちの一つの秘密計画、すなわち小戦闘(*petit guerre*)である。この最後のものを除くすべての項目はすでに検討された。残るのは、この正規でない戦闘体系についてわれわれが何かを語ることである。すなわちそれ

が用いられる場合のエコノミーと、またそれが必要とすると考えられ、またしばしばそれが示す機会を与える巧みさとのために、公開の兵力によって運用されるシステムよりもはるかに人間一般に好まれているシステムについてである」[OG:245-246]。

　刑罰によって不法行為を攻撃する直接的立法に対して、秘密裡に行われる正規でない戦闘体系であり、しかも直接的立法よりも人々に好まれる体系、それが間接的立法であるとされている。しかも『序説』および『法一般について』を通して前者については検討済みであり、残されているのが間接的立法論だというのである。
　間接的立法論は、このように『序説』の補遺とも言うべき位置にあり、それゆえベンサムは当初『序説』と間接的立法論とを同時に出版することを考えていた[15]。だが公刊されたのは、1802年、デュモン編の『民事および刑事立法論』の第4部としてである[16]。バウリング版全集では、デュモン版にベンサムのオリジナルの原稿を加えて『刑法の原理』第3部として編集されている。ここでは、デュモン版を参照しつつバウリング版に依拠して、教育について論じた第19章および第20章を中心に考察していきたい。
　ベンサムは、間接的立法による犯罪予防の方法をまず次のように説明する[17]。

「個々人を悪に染まらないようにし、彼ら自身にとっても他の人にとっても最も有用な方向をしっかりとわからせるために、主として彼らの性向に働きかける」[PL:533][18]。

　前節で論じてきたことから明らかなように、間接的立法論は、法によって個人の行為を方向づけるにはどのようにすればよいかを具体化したものである。しかし、その方向づけはそれと気づかれてはならない。『法一般について』の末尾と同じく、ベンサムは戦闘メタファーを用いて、次のようにその特質を描き出している。

「直接的立法では立法者は敵に宣戦布告する。開戦の日には、信号旗を掲げ、敵を追撃し接近戦を行う。そして敵の面前に砲列を並べる。間接的立法論の場合、立

法者は自らの意図を告げず、坑道を掘り、スパイから情報を得て、敵の企図を妨害することに努め、密かに自分に敵意を抱いている者とさえ同盟関係を保とうとする」［PL:533］。

このような立法について、「今まで誰もそれを方法論的に扱い体系立てて考えなかった」［PL:533］と自負するベンサムは、刑罰によってではなく、人々の習慣や精神の働きをうまく利用することによって、法に従わせようとする。具体的には、「悪を引き起こそうと誘惑する動機を弱め、善をなそうとする教導的動機（tutelary motives）を強める」［PL:534］ことによってである。以下の目次だけを見てもある程度内容がわかる。

〈表１－２〉 間接的立法論の目次

序文		
第１章		違法行為を行う物理的能力（physical power of injuring）を取り去るという方法
第２章		もう一つの間接的方法―有害なものになりそうな知識の獲得を妨げること
第３章		犯罪を犯そうとする意志を防止するという間接的方法について
第４章	問題１	危険な欲望をちがう方向に向け、もっとも公共の利益にかなうような娯楽へと人々の性向を方向づけること
第５章	問題２	天与の欲望が違法行為なしに、あるいは可能な限り小さな違法行為によって満たされるような仕組み（arrangement）を作ること
第６章	問題３	犯罪を促進するようなことをなくすこと
第７章	問題４	悪いことをする誘惑にさらされる度合いに応じて個々人の責任を増大すること
第８章	問題５	誘惑についての感受性（Sensibility）を減らすこと
第９章	問題６	想像力に訴えて罰の印象を強力にすること
第10章	問題７	犯罪の露見を容易にすること
第11章	問題８	犯罪を防ぐことに多くの人が利益を見いだすようにすることによって犯罪を防ぐこと
第12章	問題９	個々人を識別し見つけ出すのを容易にすること
第13章	問題10	法律違反者が逃げるのを難しくすること
第14章	問題11	手続きや刑罰に関する不正確さを減らすこと
第15章	問題12	主犯罪を防ぐために付随する犯罪を禁ずること

第16章	慈悲心（benevolence）の育成
第17章	名誉という動機を用いること、つまり評判というサンクションを用いること
第18章	宗教的サンクションを用いること
第19章	instructionの力から引き出される効用
第20章	educationの力によって作り出される効用
第21章	権威の乱用に対する一般的な用心
第22章	すでに起こった犯罪の悪い結果に対して取るべき措置

　第1章から第3章において示されているように、「諸個人のふるまいを決定するために法律の影響力が適用される三つの点」として、有害なことをなす力、有害なものになるであろう知識、犯罪を犯そうとする意志が挙げられている。有害な行為をなす物理的な力を取り除くことは必要とされるが、「個人に本来備わっている能力に依存する内的な力（Internal power）」については、それを奪うことはできないと述べられる［PL:535］。同様に、知識の獲得を妨げることも、「書物の検閲や異端審問を生み出してきた」として反対する［PL:536］。「人は啓蒙されればそれだけ、自分の利益と全体の利益が一体のものであることをはっきりと認識する」［PL:537］と考えるベンサムにとって、知識の普及は決して妨げられるべきものではないのである。知識が有害かどうかの判断は、検閲官がするものではなく、功利の原理によってなされるべきであり、それを判断し得るのは「教養ある公衆」のみである［PL:538］。だとすればなおさら、知識の獲得は妨げられるべきではない。このように述べてきて、立法者が影響を与え得る間接的手段として残されたのが、「意志の論理（logic of will）」を実践的にすること、すなわち人々の性向を方向づけることなのである［PL:538］[19]。その具体的方策が第4章から第15章までで述べられる。

　まず第4章に見られるように、間接的立法は、危険な欲望を禁止するのではなく、「危険な欲望に対抗し得るような、より危険でない欲望の力を増すことによって危険な欲望の裏をかく（countermine＝敵に抗する坑道を掘る）」［PL:539］。そのために例えば、無害な娯楽の奨励、非アルコール系飲料の導入などが考えられている［PL:540］。これを評して土屋恵一郎は、ベンサムが「情念を馴致するアミューズメントを中心とした社会システムを考えている」と述べている[20]。だがベンサムは、決して情念を抑圧しようとしたわけではない。「人間の心には絶

対的に悪い情念などというものはない」[PL:539]と述べるベンサムは、むしろ良くも悪くもなり得る情念の力を利用して、諸々の方策を推し進めようとする[21]。快楽を求め、苦痛を避けようとする情念の力を前提にすることによって、この第4章から第15章の議論では、違法行為を予防するために監視したり刑罰を重くしたりするのではなく、人々が違法行為をしなくて済むような制度的な仕組みをつくることに重点が置かれることになる。それゆえ、犯罪が確実に処罰されることによって復讐心を抑制したり、犯罪が容易に露見するよう有効な調書の形式を制度化すること、また個人の識別を容易にし[22]、現行の複雑で時間も経費もかかる裁判手続きの不備を正すことなどが述べられている。

　重要なのは、第4章から第15章までの個々の目的に対応した方策においても、また、第16章以下の「より一般的な性質」のものにおいても、それらが有効に機能するためにはinstructionが重要な役割を果たすとして、随所で言及されていることである。instructionを主題にしている第19章の内容とともに、ここでベンサムが述べているinstructionとはいかなるものかを検討しておこう。

(2) instructionについて

　第19章冒頭でベンサムは次のように述べる。

> 「INSTRUCTIONは、独立した項目を構成するものではない。そうではなくて上のような表題［instructionの力から引き出される効用について］は、さまざまに拡散したアイデアをその周りに集約するような中心として便利なのである」[PL:567]。

　あたかもここまで述べてきた種々のアイデアの中心にinstructionはあると言っているかのようである。具体的な言説を追っていこう。

　第9章「想像力に訴えて罰の印象を強力にすること」においては、実際の刑罰は悪であるが、見かけの刑罰（apparent punishment）は善を生み出すとしている。処刑の装置を恐ろしいものにすることによって（処刑台を黒く塗り、役人は喪服を着て、また処刑人には仮面をつけさせる）、刑罰のセレモニーを悲しみに満ちた、ものものしいものにしようとするのも、見せかけの刑罰の力を増すた

めである[23]。「心を動かそうと思うなら、視覚に訴えなさい」[PL:549] と述べるベンサムにとって、このような仕掛けは、見ている者にとって「重要な教訓（important lesson）」[PL:549] となる。そう述べた上で、ベンサムは次のように言う。「Instruction は、それが差し出されたときには、たとえ最も残酷な敵によってであっても拒否すべきでない」[PL:549]。人は犯罪者からでさえ学ぶのである。

　instruction という語が多用されるのは、次の第10章「犯罪の露見が容易であること」という章においてである。ここでは犯罪行為についての証拠や証人、犯罪が行われた時間や場所を記した調書（Title-Deeds）の作成がまず必要とされている。そして、この調書作成の形式について「instructions が政府によって公開されれば、…各人は、それらを遵守しようとするだろう」[PL:551] と述べる。instruction は、このようにある事項を人々に示すというような意味で用いられている。ベンサムが目指すのは、そのような instruction によって人々が犯罪から身を守る手段を得ることである。同じ章の第6項「様々な犯罪に対して人々を用心させること」において、たとえば毒を盛られること（poisoning）に対しては、「さまざまな毒物について、それを探知する方法、その解毒剤についての instructions を与えなさい」[PL:553] と述べる。同様に、重量や秤の不正に対しては、「不正な重量、不正な秤、不正な質の基準、そして公正な重量や秤が用いられている時に使われるごまかしの方法についての instructions を与えること」[PL:553]、貨幣の偽造に対しては「どのように悪貨から良貨を見分けるかを示す instructions を与えること」[PL:553]、遊びの際のいかさまに対しては「不正なばくちについて、カードを用いる時に行われるいかさまの方法についての instructions を与えること」[PL:553] など、さまざまな犯罪に対して、その犯罪自体が行われる方法を教示することによって、犯罪から身を守るようにさせることが考えられている。

　このように instruction は、不正な行為にまきこまれないための正しい知識を与えることを意味する。それが犯罪予防になるのは、一定の判断力を備えた理性的市民を前提としているからである。それゆえ instruction は、説得や啓蒙と言い換えられもする。第16章「慈悲心（benevolence）の育成」においてベンサムは、慈悲心という感情が一般的な功利の原理（the principle of general utility）から離れるのを防ぐのは instruction によってのみ可能だと述べ、そのことを次

のように説明している。「慈悲心の感情というのは、命令され得るようなものでも、強制され得るようなものでもなく、説得され啓蒙されることができるだけである」[PL:563]。命令でも強制でもなく、しかしなお、「市民の情動（affections）を方向づけ」、「彼らに自分自身の利益は全体の利益（general interest）のうちにあると感じさせるようにする」[PL:563]のがinstructionであるという。それはいかにして可能なのか。instructionを主題としている第19章の内容を次に検討したい。

「政府は、力によってあらゆることをなすべきではない。力によってできるのは人々の身体を動かすことだけである。英知（wisdom）によって、それは人々の精神（minds）にまで支配力を広げる。政府が命令すれば、臣民が服従に対して人為的な利益を持つようにするだけだが、啓蒙すれば、臣民は決して弱まることのない［服従への］内的な動機を身につける」[PL:568]。

人々の精神にまで支配力を及ぼす啓蒙とはいかなるものか。やはりここでも事実を公にすることが重視されている。ベンサムは、その媒体としての新聞の重要性を指摘する。「このような大衆紙において、instructionは政府から人民へと下り、あるいは人民から政府へと上るのである」[PL:568][24]。

こうした事実の提示は、「公衆（the public）が諸事象について判断を下す際の助け」となるものであるが、さらに、人々が陥りやすい過ちを防ぐ手段ともなる。それゆえ、ベンサムは、政府（governments）による「public instruction」の効用について次のように述べる。

「いかに多くの詐欺が商業・技術・物の値段や質について行われていることか。これらは、その正体を暴けば簡単にやめさせることができるだろう。…またいかに多くの間違った意見や、いかに多くの危険でばかげた間違いが、公衆を啓蒙することによって（by enlightening the public）、それが発生した時点で食い止められることか」[PL:568]。

そして、このような事実の提示がもっとも必要とされるのは、法律に関してで

ある。

> 「政府が人々に責任を持って与えるべき主要な instruction は、法律の知識に関するものである。もし法律が知られていないとしたら、どうやってそれに従うことができよう。もし法律がもっとも簡単な形式で——つまり、自らの行為を何によって規制すべきかを自分自身で見いだせるような形で——公表されていなかったら、人々はどのようにそれを知ることができるだろう。」[PL:568]。

すなわち、instruction とは、ベンサムにあっては、人々が自己と他者の行為の違法性をチェックできるように、政府が適切に知識を流布させることを意味している。何が適法で何が違法かを知っていれば、人々は違法行為をしようとはしないだろうし、また何が真実で何が虚偽かを知っていれば、人は違法行為の犠牲者にもならない、というのがベンサムの主張である。

こうした知識の流布こそが、前節でその中身がはっきりしないと述べた、利己的個人の方向づけの中身だとまずは考えられる。だが知識の流布による啓蒙というのは、すでに判断力を備えた開明的公衆を前提にしているという転倒を含んでいる。ベンサムは、「立法者は、法律のコードに類した政治的道徳性（political morality）のコードを作ることによって、世論（public opinion）に影響を与えるべきだ」[PL:568] とも述べているが、そのような政治的道徳性のコードが作られても、それが人々の行為の方向づけとして実質的に機能する保証はない。instruction は、間接的立法論の種々のアイデアの中心に位置づけられているように見えながら、その効果という点において本源的な弱さを抱えこんでしまっている。おそらくこの弱さを補完するものとして、第19章「instruction の力から引き出される効用について」に続く第20章「education の力によって作り出される効用」はある。「間接的立法」全体の内容を概観した第3章においては、第19章と第20章は「instruction と education の力によって作り出される効用」[PL:539] という形で、その役割について一括されているように、この二つの章は相互に補完しあうことによって、ある効果が生み出されるものと位置づけられているのである。

(3) education について

第20章冒頭において、education はまず次のように定義される。

> 「EDUCATION は、家族の統治者（domestic magistrate）の措置によってなされる唯一の統治（government）である」[PL:569]。

education は、家族的統治の作用の仕方を意味する。そしてこの家族的統治は、市民的統治（civil government）と対比され、その違いは例えば次のように述べられる。「家族的統治（domestic government）は、市民的統治よりも活発で、用心深く、細かい点にまで及ぶ」。それは、「継続的な注意がないと家族は存続できない」からである [TL:569]。家族に継続的な注意が必要なのは、市民的統治の場合は、「諸個人が自らの利益を求めるふるまいをする際に、諸個人の慎慮（prudence）を信頼するのが最良の方法である」のに対して、「家長は彼の配慮の下にある者の未熟さ（inexperience）を常に補わなければ（supply）ならない」からである [PL:569]。それゆえ、家族的統治においては、市民的統治においては許されない検閲（censorship）が許され、家族員の交友関係や読書にまで監視の目が及ぶ[25]。また、「市民的支配（civil authority）の場合は罰することができないような状況でも、家族的統治の場合罰が行使される」。つまり、「私的な統治者は、自分が指導すべき人を自らの監視の下に置き、自らの手中に収めているから、法律では最も行き過ぎた段階でやっと罰することができるような悪徳も、芽の内に摘むことができる」のである [PL:569]。

ここで繰り返し指摘されているのは、市民的統治よりも家族的統治の方が、より精緻で強力で確実であるということである。だがこうした比較の後、ベンサムは次のように述べる。

> 「立法者が、その性向（inclinations）の向かうところについて、公共の利益に最もよく一致するように配慮し続けなければならないのは、生き生きとした恒久的な印象を受けやすい若い時期（youth）についてである」[PL:569]。

この章の主題は、家族的統治であったはずなのに、ここにおいてまた、立法者

による個人の（しかも若者の）行為の方向づけが問題にされている。この叙述の展開はやや唐突であるようにも思われる。だが、その後の論述を読むと、結局この章は、家族的統治のように強力ではない市民的統治をいかにすれば貫徹させることができるか、ということを主題にしているのだということがわかる。というのも、上のように若者の性向の方向づけの重要性を指摘したすぐ後で、ベンサムは次のような叙述を展開しているからである。長くなるが引用しよう。

  ロシアでは、若い貴族階級は想像される限り最も効果的な方法で軍隊に入隊させられている。［そのことによって］おそらく軍隊的精神に関する以上に、市民生活に関して良い効果があげられてきた。彼らは秩序や、警戒（vigilance）や服従ということに徐々に慣れてくるのである。……（中略）……かつてのロシアのような無制限の専制（unlimited despotism／デュモン版 despotisme domestique illimité）は、権威に制限を設ける軍隊的統治に転換されることによって確実に前進できたのだ。
  それゆえ、かつてのような帝国の状況下では、より有用な目的を果たす一般的教育（general education）の計画が発見されることは困難だったのだ。
  しかし、教育（education）を犯罪予防の間接的方法と考える場合、根本的な改革が必要である。つまり、最もおろそかにされてきた階級が、配慮の中心的対象にならなければならないのである。この義務を両親が果たせない場合はそれだけ、政府がその義務を担うことがますます必要になってくる。政府は、貧困のうちに捨て置かれている孤児の世話をするだけでなく、この重要な役割について法の信託に値しないような両親の子ども、また、衣食住に困って不幸を招くあらゆる誘惑の犠牲になっている子どもの世話をするべきである。ほとんどの国家においてまったく捨て置かれているこれらの階級こそ、犯罪の温床になるのである。
［PL:569-570］

ベンサムは、まず若者の性向の方向づけについて、ロシアの貴族階級の若者を例に挙げて論じている。軍隊的統治の下で、若い貴族たちは秩序や服従に慣れ、それは市民生活にも良い影響を及ぼしている。こうした節度ある軍隊的統治に転換されることで、「無制限な専制」（デュモン版にあるように、それは「家族的」

専制だと理解されている）から脱し前進してきたという。この叙述は、いったいいかなることを述べようとしているのだろうか。そして、後段の政府による教育の主張とどのようにつながっているのか。

上で見たように、ベンサムはこの叙述の前で、家族的統治と市民的統治との違いについて論じている。家族的統治は市民的統治に比して、活発で支配力も強く、細かい点にまで及ぶとされていた。だが、この家族的統治をそのままの国家の統治形態とするわけにはいかない。軍隊的統治に転換されることで、市民生活に良い効果が及ぶという、ロシアについてのこの叙述は、家族的統治を国家の統治形態に転換し得るとすれば、どのようにして可能かということの一つの例を示すものと考えられる。

ロシアのように「家族的」とも言える無制限な専制については、そうした軍隊的統治への転換が有効であるにしても、そもそも家族的統治ほど強力ではない市民的統治を貫徹させるにはどうすればいいのか。それがロシアでは見出されなかった「一般的教育」の重要性の主張へとつながることになる。つまり家族的統治の問題であるはずの educaiton を国家のレベルにおいて実現するもう一つの道筋を示すのが、後段の叙述なのである。

上の引用の後段で述べられているのは、教育（education）が犯罪を予防する重要な手段になるとしても、その教育は、第20章冒頭で定義したような家族的統治にのみ頼るというわけにはいかない。「一般的教育」ということばが示しているように、家族的統治を果たし得ない家族に対しては、政府がその義務を肩代わりするべきだと主張されているのである。

要するに、第20章の主題となっているのは、国家による統治が家族的統治ほど強力でない以上、教育（education）が犯罪を予防する重要な手段となるが、その教育も家族的統治にのみ頼るわけにはいかないという論理である。そして、家族的統治を果たし得ない家族に対して、「根本的な改革」として提唱されるのが、国家による「一般的教育」なのである。それを担う機関として、ベンサムは、パリの孤児収容施設の例を挙げ、そのプランに基づいた学校にも言及している。こうした論述の展開を考えれば、「間接的立法論」において education は、国家による学校教育を念頭に置きつつ、家族的統治ほど強力でない市民的統治と、家族的統治を果たし得ない家族の両方の補完物として位置づけられていると言える。

(4) 統治と教育の関係

 以上見てきたように、ベンサムの「間接的立法論」における教育論は、立法者が市民に行為の基準を提示する instruction の系と、家族的統治から説き起こされる education の系の二つの面があることがわかる。ベンサムがこの二つの面を一括して「instruction と education の力から作り出される効用」としたのは、両者が相互補完的に社会の統治を果たすものだからである。それは、一方では、公衆の啓蒙を内実とする instruction が実質的に機能するためには、education が必要であるということを意味する。同時に他方、本来家族的統治の枠内の問題であった education が市民的統治の問題としてせり上がってくるということでもある[26]。これは何を意味しているだろうか。家族的統治としての education は、家長のもとにある者、つまり子どもの「未熟さ」を補うものであった。市民的統治は、そのような「未熟さ」を前提としないがゆえに、統治作用としてはある弱さを抱え持つ。市民的統治におけるこの弱さを補うために、国家による一般的教育が導き出される。一般的教育は、市民的統治の弱さを補うものであると同時に、家族的統治をなし得ない家族の「未熟さ」を補うものなのである。法によって個人の行為の方向づけが可能になるとすれば、立法者による instruction を実質的に行えるように、「未熟さ」を前提にした education による統治が必要であるということ、「間接的立法論」の第19章および第20章を検討して見えてきたのは、このことである。すなわち、教育によってこそ統治が可能になるという構図である。ベンサムの立法論が教育論的であるということの内実は、この意味において理解されねばならない。

 ところでベンサムは、家族による教育を補うものとして、パリの孤児収容施設の例を挙げている。パウレ（Le Chevalier Paulet）のものである。パウレは、1772年に、死亡・負傷した軍人の息子のための施設を計画し、その後庶民のための同様の施設を始める。また、ヨーロッパで初めて相互教授法を試みた人物であるとされている[27]。ベンサムは、この施設が次の四つの原則で動いていたことを指摘している。

　(1) 生徒に勉強や労働といった多くの目的を与えること、そして彼らの好みに合わせた最大限の自由を許すこと。

(2)相互教授（reciprocal instruction）において生徒を採用すること、すなわち進歩に対する最大の褒賞として交代で教師になるという名誉を提示すること。
(3)彼らの教授と経済（instruct and economy）という二重の利益を統合するために、すべての施設内の業務を生徒に任せること。
(4)生徒自身による統治（to govern them by themselves）をさせること、そして、それぞれの生徒がお互いに安全を保障するもの（securities）になるように、年長の生徒の監視下に置くこと［PL:570］。

　ここには、後に論じるモニトリアル・システムと同様の原理が示されている。モニトリアル・システムが貧民や孤児への教育実践の中から考案されてきたことからもわかるように、家族のeducation機能を国家へと媒介することが最も容易に行われるのは、家族がeducation機能を担い得ない場合であり、それを端的に体現するのが孤児なのである[28]。孤児あるいは貧民へのeducationを突破口として、国家は教育の機能を収奪していく。それを担うのが学校である。
　学校における教育が、家族の養育機能の単なる代替物ではなく、学校における自己統治主体形成のあり方が社会における市民形成のモデルとなり、また学校での教育を基準に家族の教育も行われるようになるとき（「家庭教育」の誕生[29]）、市民的統治は完全なものとなる。すなわち、自律的個人を前提にするがゆえにベンサムがそこに弱さを見た市民社会における統治は、教育によってこそ、実質的に貫徹するのである。この意味において、ベンサムの立法論の基底に教育は位置づいている。ベンサムはさらに、見てきたような立法による行為の方向づけだけではなく、それを具体化する制度を作ろうとする。それが、次章で検討する施設経営論である。具体的にはベンサムがあらゆる施設に適用しようとしたパノプティコン原理と、それを用いた救貧施設である全国慈善会社の構想である。救貧論は、ベンサム自身が「間接的立法論」に含めようとして、結局展開できなかったものとされている[30]。また、序章で述べたように、パノプティコンと全国慈善会社の構想、およびクレストメイシア学校論は、「教育理論に対してベンサムが特別な寄与を果たした主要な推進力を表象している」ものと位置づけられている[31]。見てきたように、間接的立法論には、教育がその基底に位置づいていた。それを具体化する制度であるならば、そこには当然、教育が重要な位置づけをもってい

たはずである。そのことを次章では明らかにしていきたい。

注

1) Bentham, J., *An Introduction to the Principles of Morals and Legislation*, Burns, J. H. & Hart, H. L. A. eds., The Collected Works of Jeremy Bentham, Clarendon Press, 1996. 以下 IPML と略記する。山下重一訳『道徳および立法の諸原理序説』世界の名著49, 中央公論社 1979に10章まで訳出されている。また、西村克彦訳『近代刑法の遺産（上）』信山社 1998に第1章および第13章から17章が訳出されている。日本語訳も随時参照したが、訳文はその通りではない。
2) ベンサムは、「政治経済学によって何をなすべきであり、何をなすべきでないか」について論じた「政治経済学要覧」において、スミスの著作と自らの著作を比較して、「スミスの目的は科学である。それに対して、私の目的は技術である」と述べている。政治経済学を「ある国家の統治を手中に収めている人によって行使される一つの技術」と規定するベンサムにとって、上の問いは「統治によって何がなされるべきで、何がなされるべきでないか」という問いでもある。ここにおいてベンサムは、資金の提供、生産物への規制、輸出規制といった直接的介入も、競合する業種や輸入規制、あるいはそれらに対する課税といった間接的介入も有害だとしている。ベンサムが認めるのは、パテントの保護と飢饉に備えた食糧備蓄のみである（Bentham, J., Manual of Political Economy in; Stark W. ed., *Jeremy Bentham's Economic Writing*, George Allen & Unwin Ltd., Vol. 1, 1952. 以下 MPE と略記する）。
3) センプルは、ベンサムが立法行為を医療行為とのアナロジーで捉えていたこと、その際、経験・観察・実験が医療行為において重要であるのと同様に、それらは立法行為の基礎になると考えていたことを指摘している（Semple, J., Bentham's Utilitarianism and the Provision of Medical Care, in; Porter, R., ed., *Doctors, Politics, and Society: Historical Essays*, Rodopi, 1993, p. 42）。センプルも指摘しているように、医療行為をめぐる経験・観察・実験の主戦場となるのは、第2章で検討する全国慈善会社傘下の勤労院である。このことからも、ベンサムにおいて、立法論と施設経営論とが同じ一つの統治構想の枠組みに位置づいていたことがわかる。
4) ベンサムは、法を誘惑に対抗する「人為的な教導的動機（artificial tutelary motives）」だとも言っている [IPML:137]。
5) それは、当初『序説』の第17章の3・4・5節にする予定だったもので、執筆時期は1782年である（永井義雄 前掲書 [1982] 233頁）。
6) Bentham, J., *Of Laws in General*, Hart, H. L. A. ed., The Collected Works of Jeremy Bentham, University of London, The Athlone Press, 1970, p. 1. 以下 OG と略記する。この書については、永井 前掲書 [1982] に一部訳がある。また、深田 前掲書の第3章補論に、内容と概略がある。引用に際しては、永井訳を参考にした。
7) この点に関しては、深田 同上書 183-184頁参照。
8) 土屋恵一郎は、ベンサム最晩年の『憲法典』における叙述が、「いわゆる法律学の枠組みと概念をはなはだしく逸脱している」ことを指摘している（「『アフォリズム』とコード」『社

会のレトリック』新曜社 1985所収)。たとえば、「夜間判事室」における判事の寝台の置き方やデザイン、テーブルの位置までも書き込もうとするベンサムの『憲法典』においては、「法的主題が可能な限り事実へと還元され、計測され設計される」。土屋も指摘しているように、法的擬制を否定するベンサムのこの姿勢は、最初の著書『統治論断片（*A Fragment of Government*)』以来一貫している。この法律学の概念枠からの逸脱を土屋は次のように評している。「その逸脱の軌跡をとおして、法律の意味がより大きな社会制度的文脈へと拡大されて、法律の動的な機能が賦活されていることを忘れてはならない」。従来の法の概念を逸脱した法を作ることによってベンサムは、法それ自体が（法を運用する司法関係者が、ではなく）人々の行為を方向づけていくことを目指したのだと言えよう。

9) 法による、性向や行為への構えに対する方向づけを端的に論じているのが、次節で検討する「間接的立法論」である。

10) 現在法哲学の領域において、ベンサムの法実証主義を記述的（descriptive）なものとするハート（Hart, H. L. A., *Essays on Bentham: Studies on Jurisprudence and Political Theory*, Clarendon Press, 1982) などに対して、功利の原理を実現するために人々の行為を導く規範的な実証主義（normative positivism）だとする議論が出されてきている（Postema, G. J., *Bentham and the Common Law Tradition*, Clarendon Press, 1986)。この点については、戒能通弘「J. ベンサムと期待の原理—新たなるベンサム像の提示をめざして—」(『同志社法学』第49巻第5号 1998) も参照。

11) 西尾孝司『増補 イギリス功利主義の政治思想』八千代出版 1981, 285頁。

12) 西尾 同上書, 40-41頁, Halévy, E., *op.cit.*, pp. 17-18, 岩佐幹三『市民的改革の政治思想』法律文化社 1979, 7頁, 永井 前掲書［1982］25-26頁など。ベンサムの『統治論断片』と『道徳と立法の原理序説』を編集した W. ハリソンも「ベンサムは統治に関する新しい見方を持っていた」と述べ、彼の立法と統治の理論を 'tutorial' なものであったと指摘している（Bentham, J., *A Fragment on Government and an Introduction to the Principles of Morals and Legislation*, Harrison, W. ed., Basil Blackwell, 1970, Introduction, p. lvi)。

13) Dinwiddy, *op.cit.* [1989] pp. 90-91, 147-148頁。

14) 〈表1-2〉に見るように、「間接的立法論」の第19章と第20章は、「instruction と education の力によって作り出される効用」を論じており、ここでは教育が正面から論じられている。

15) 土屋恵一郎『ベンサムという男—法と欲望のかたち—』青土社 1993, 196-197頁。

16) Jackson, D., A Note on the Bentham Bibliography and Chronological Table of Printed Works, *The Bentham Newsletter*, Vol. 6, 1982は、「間接的立法論」の執筆時期を1782年としているが、板井広明は、その草稿が1780年代から1790年代にかけて順次執筆されていったと指摘している（「J. ベンサムの社会思想—啓蒙・規律・公共性—」博士（経済学）学位取得論文 横浜市立大学経済学研究科 2004)。

17) 刊行された「間接的立法論」は犯罪予防に狭く限定されているが、草稿までさかのぼれば、それは統治に関する広範な構想であったとエンゲルマンは指摘している（Engelmann, S., "Indirect Legislation: Bentham's Liberal Government", *Polity*, Vol. 35, No. 3, 2003)。

18) Bentham, J., Principles of Penal Law, Bowring, J., ed., *The Works of Jeremy Bentham*, Vol. I, Russell & Russell, 1962. 以下 PL と略記する。また、前掲 長谷川正安訳『民事および刑事

立法論』581-710頁、デュモン版（TL）、Atkinson, C. M., trans. & ed., *Bentham's Theory of Legislation*, 1914も参照した。

19) ベンサムは『序説』において、この「意志の論理」を「悟性の論理（logic of understanding）」に対比させて、アリストテレス以来「悟性の論理」だけが着目されてきたことを批判する。それに対してベンサムは、「悟性の働きが何らかの重要性を持つとすれば、それは意志という能力の働きを方向づけることができることによってである」と述べている。そして、「法の科学は形式において見た場合、この意志の論理の最も注目すべき部門である」とも述べている［IPML:8］。間接的立法論における人々の性向の方向づけは、法を実効力あるものとして実践していくための具体的方策であることが、この点からもわかる。

20) 土屋 前掲書［1993］191-209頁参照。

21) ベンサムの情念論については、第3章で再び論じる予定である。

22) ベンサムは、個人の識別を容易にする方法として姓名を入れ墨として体に刻みつける方法まで提唱している。この抑圧的に見える方法も、召喚が容易に行われるため無駄な拘禁を減らし、「個人の自由にとって好ましいものになるだろう」とベンサムは述べている［PL:557］。この点については、「間接的立法論」を自由主義的統治（liberal government）論として捉えるEngelmann, *op.cit.*［2003-b］pp. 382-384も参照。

23) ベンサムは、『序説』において、「精神に実質的に働きかけるのは罰についての観念（idea）、つまり言い換えれば見かけの罰（*apparent* punishment）だけだ」と述べている［IPML:178］。しかし、「この見かけの罰の強さを増大させる通常の明らかな方法は、実際の（the real）罰の強さを増大することによってである」とも述べている［IPML:179］（cf. Crimmins, *op. cit.*［2004］p. 52）。この点については第2章第2節で述べるパノプティコンをめぐる議論との関係でも重要となる。

24) 初期ベンサムの統治構想において、統治者と被治者との《相互的開明》による社会の幸福の最大化が考えられていたことを板井広明は指摘している（「初期ベンサムの統治構想―開明的立法者と公衆―」『イギリス哲学研究』第21号 1998）。板井はさらに、この《相互的開明》と「表裏一体の形で統治者と被治者との間で行なわれる《相互的規律》」をベンサムのパノプティコン論と間接的立法論に言及しながら論じている。だが、《相互的開明》と《相互的規律》とは、いかなる意味で「表裏一体」なのかは明確には示されていない。

25) ベンサムは、第19章でinstructionの媒体としての新聞に言及するとき、あるいは別の章で世論の強化について述べるとき、出版の自由の重要性を主張している［PL:568, 569］。市民的統治においては検閲が許されないという第20章でのこの指摘も、こうした出版の自由を擁護する立場の表明であろう。だが、だからといって、ベンサムの『刑法の原理』第三部におけるinstructionとeducationの区別を、instructionは人間の内面的価値に関与しない単なる知識の伝達であり、それに対してeducationは内面にまで及ぶものだという単純な区別として捉えることは正しくないだろう。それは、前項で述べたように、instructionが「人々の精神にまで統治の支配力を広げる」ものとして位置づけられていたことからもわかる。また、第19章で主張される新聞の自由にしても、その自由が拡大すれば「政府が世論の潮流を正確に把握し、それを正しく方向づける精度も増す」という観点から主張されている［PL:568］。このため、この時期（政治的急進主義者に転化したと言われる1808年以前）のベンサムの出

版の自由についての主張は、「積極的な原理」ではなく、「微温性」を持つものであったと指摘されている（山下重一「功利主義と言論出版の自由」『季刊 社会思想』第1巻 第3号 1971, 89頁）。

26) 寺﨑弘昭は一連の研究において、educationという概念自体が、そもそも産婆・乳母・母によって果たされる〈産〉と〈育〉とを意味するものであったこと（「教育関係構造史研究入門―教育における力・関係・ハビトゥス―」『東京大学教育学部紀要』第32巻 1993,「17世紀イギリスにおけるヨーロッパ胎教論の一水脈―トマス・トライオンの教育思想―」『東京大学教育学部紀要』第34巻 1994）、それが市民社会論における父的支配を正統化するために、支配の根拠としての「養育＝教育」として読み替えられていったことを示している（「小リヴァイアサンにおける父・母・子と〈教育〉―ホッブズ『リヴァイアサン』第20章を読む―」『お茶の水女子大学人文科学紀要』第44巻 1991）。educationを家族的統治の問題から市民的統治の問題へせり上げるここでのベンサムの議論は、educationが家族領域の問題であったということをやはり出発点としながら、家族のeducation機能を国家が収奪していく機制を示している。

27) Michaud, J. Fr., *Biographie universelle ancien et modern, hitoire, par ordre alphabétique, de la vie publique et privé de tous les hommes qui se sont fait remarquer par leur écrits, leurs actions, leurs talents, leurs vertus ou leurs crimes,* Nouvelle édition, Delagrave, tome 32, pp. 297-298.

28) モニトリアル・システムの考案者の一人であるA. ベル（Andrew Bell, 1753-1832）の『教育における実験（*An Experiment in Education, Made at the Male Asylum of Madras*)』（1797）は、マドラス近郊にあった陸軍男子孤児院における教育実践の報告書である。だがその副題は、「ある学校または家族が教師または親の監督のもとにみずから教えることができるようなシステムについての提案」となっており、学校と家族のeducationを介しての同型性が語られている。だが、その内容は家族における養育あるいは教育については何ら述べられることなく、学校における助教を使ったシステムについての報告に終始している。そればかりか、ここで対象とされている孤児は、"half-cast children"（白人の父とインド・イスラム教徒の母の間の子ども）であるのだが、ベルは、これらの子どもに対する母親の「悪い」影響力を批判しているのである（Bell, *ibid.*, p. 7）。母親の「悪い」影響から子どもを救い出すことが論じられているにもかかわらず、副題でわざわざ学校と家族の同型性が示されねばならなかったのは、ベルにとってはまだeducationが家族領域の問題として捉えられていたからである。あるべきeducation機能を担い得ない家族の子ども（＝孤児）を対象とすることによって、学校が家族のeducation機能を奪い取っていく道が開かれるのである。

29) この点については、山本敏子「〈家庭教育〉創出のシナリオ」寺﨑昌男ほか編『近代日本における知の配分と国民統合』第一法規 1993参照。

30) Bahmueller, *op.cit.*, p. 15.

31) Taylor, *op.cit.*〔1983〕p. 313.

第2章　ベンサムの施設経営論

　第1章では、ベンサムの立法論における統治と教育との関係を見てきた。そこで明らかになったのは次のことである。ベンサムは法の概念を拡大することによって法による個人の行為の方向づけを目論んでいたこと、そしてそのような法による行為の方向づけは「間接的立法論」に端的に表れているのだが、そこで論じられる事実を提示（instruction）して犯罪を予防しようとする市民的統治は、教育（education）によって実質的に機能するということであった。このように、ベンサムの統治論を教育が下支えしていることが明らかになったのだが、そうすると、統治を貫徹させるような教育とは、教育への国家介入とどう違うのか、そしてそれはベンサムの思想における個人の自由を擁護する側面とどのような整合性をもっているのかということが問題になってくる[1]。

　この点を明らかにするために、本章ではベンサムの施設経営論を検討する。具体的にはパノプティコンを適用した監獄と救貧施設についてであるが、ベンサムはこの両施設について、利潤を追求する私人の請負経営によって運営することを考えていた。そして同時に、このような自由な利潤追求を目指した施設経営を通じて社会全体が統治されるような仕組みを作り出そうと目論んでいた[2]。個々の監獄や救貧施設の管理システムあるいは経営システムが、どのような論理のもとにマクロな国家レベルでの社会統治システムへと連接していくかを明らかにしたい。

　そして、第3章で論じるように、パノプティコンのしくみは学校にも適用される。それは前章末尾で述べたような、家族による教育を国家が学校という制度を通して収奪していく姿を示しているとも言える。それを前章では、「本来家族的統治の枠内の問題であった education が市民的統治の問題としてせり上がってくるということである」と述べた。このような「せり上がり」がいかにして可能となるかということについても、個々の施設経営を社会統治へとつなげるに際して、子どもの教育という問題が結節点になっているという本章での検討を通して明らかになるはずである。

第1節　パノプティコン

(1)　監獄改良運動とパノプティコン

　ベンサムのパノプティコンがよく知られるようになったのは、フーコーの『監視と処罰』を通してである。この書においてフーコーは、「個人化をおこなう配分（distributions individualisantes）であり、監視および取締りの深くゆきとどいた組織化であり、権力の強化と細分化である」ような、「規律・訓練の図式」を体現する「建築学的な形象」として、パノプティコンを位置づけている[3]。行刑史に即して言えば、古い君主権に基盤を持つ身体刑、あるいは改革的な法学者たちが示した、刑罰の表象によって市民への教育となるような公開刑に代わって、18世紀末以降圧倒的になる身体への良き訓育を目指した監獄のしくみを示すものとして、パノプティコンは位置づけられている[4]。このようなフーコーの議論の影響の下に、ベンサムのパノプティコンは、行刑史研究においては、18世紀末の監獄改良運動の文脈において理解されてきた。

　例えばイグナチエフは、18世紀における公開処刑や鞭打ち、あるいは晒し台（pillory）において恥を与えるような刑罰が、J. ハワード（John Howard, 1726-1790）の『監獄事情』(1777)[5] などを起点とした監獄改良運動を通して、犯罪者の矯正を目指した懲治監獄（Penitentiary House）へと変わっていく動きの中に、ベンサムの思想を位置づけている[6]。またセンプルは、「ベンサムの監獄とハワードの懲治監獄は同じ思想的雰囲気の産物である」と述べている[7]。そこで焦点が当てられるのは、何よりも犯罪者の矯正可能性という点である。イグナチエフが論じているように、たしかにハワードとベンサムはともに犯罪者が矯正不可能であることは否定していた。しかしながら、両者における矯正可能性の論拠には、決定的な差異があったことを見落とすべきではない。ロックやハートリーの唯物論の影響を受けて、犯罪は原罪によるのではなく、「不適切な計算（improper calculation）」によるのだと考えていたベンサムが、「快楽を求める本能を正しく社会化することによって人間は改良できる」とするのに対し、他方ハワードは、「罪の意識を呼び起こすことによって」人間を変えようとする[8]。ハワードのこの考え方は、ベンサムにも影響を与えたとされるJ. ハンウェイ（Jonas Hanway, 1712-1786）[9] にも共有され、このような罪の意識による人間の

矯正可能性を根拠として、監獄改良家たちは、孤独の中で改悛を引き出すために独居拘禁（solitary confinement）を信奉していた。「苦悩（*affliction*）は、改悛（*repentance*）にとって最も確かな支持者である。独居（solitude）は、罪の意識から起こってくる苦悩を生み出すものである。そしてこれなくしてどんな改心（*amendment*）が期待できようか」[10]。

　先に見たように、フーコーが規律・訓練の図式として「個人化をおこなう配分」という点を強調したために、ベンサムのパノプティコンもまた、独房システムであるところに特徴があるという理解がなされたりする[11]。確かにベンサムは、『パノプティコン』（1791）の本文で懲治監獄のプランにおいて独房を採用している［PI:40］[12]。だが、5年後に書かれた補遺では、この独房システムを破棄して一つのセルに2～4人を入れるとしている［PI:71］。前述したように、ベンサムは犯罪者の改悛ということを問題にしていない。そもそもベンサムは、人間の行為のみが存在しており、内的な性向（disposition）などというものは、「虚構的なもの（fictitious entity）」に過ぎないと見なしていた［IPML:125］[13]。犯罪者の道徳的改良がなされたかどうかはそれゆえ、犯罪者の労働という行為によって測られるしかなく、その意味においても、ベンサムにとっては監獄あるいは救貧施設における強制労働は是非とも必要なものとなる。ベンサムのパノプティコンの構想は、独房制を推し進めようとしていた、当時の監獄改良運動の文脈から全くはずれるものであった。

　さらにもう一点、監獄改良運動の動きに反する特質をパノプティコンは持っていた。請負制（contract system）である。以下に見るように、ベンサムは懲治監獄も、そしてパノプティコンのしくみを取り入れた救貧施設も、私的経営体として運営されることを重要なポイントとしていた。当時の監獄改良運動は、典獄の恣意的経営によって、酒類の販売や賭け事が横行し、また手数料の不当な要求によって、刑期が終わっても留置され続ける囚人が多くいるなどといった数々の問題点を指摘したハワードに触発されて[14]、監獄を政府による公的管理の下に置こうとしていた。請負制を取るパノプティコンはこの点においても、当時の動きに全く反する。だがしかし、この請負制こそ、ベンサムの施設経営論において中心をなす議論なのである。次項ではこの点を明らかにしたい。

(2) パノプティコンの仕組みと請負制

パノプティコンの仕組みについては、フーコーの『監視と処罰』によってよく知られているが、ここではベンサムの叙述に沿って今一度跡づけてみたい。

ベンサムは言う。

「この計画の本質は、監視者のいる場所が中央部分だということである。そしてそれは、見られずに見る（*seeing without being seen*）ための、最も効果的なよく知られた仕組みと結びついている」[PI:44]。

〈図2-1〉によって説明すれば、光は、監視される者が収容されるセル（この場合は独房—A）を通り、中間域（監視塔と独房の間にある空間）を経て監視塔（inspector's lodge—H）に至る。このため、監視者の側からは光に照らされた収容者の姿をはっきりと見ることができる。それに対して、監視塔の窓にはブラインドがつけられ、塔の中には光の貫通を防ぐ仕切りが設けられることによって、監視者の姿は収容者の側からは見えない［PI:41］[15]。これが「見られずに見る」という仕組みである。

この仕組みによって、収容者には監視者がいつ監視塔にいて自分を監視しているかわからなくなる。それゆえに、「監視されている人は常に自分が監視下にあると感じ、少なくともそうである可能性が非常に高い位置に自分がいることを感じる」[PI:44]のである。常に自分が監視下にあると感じることによって、監視の視線が内面化される。だがベンサムは、この視線の内面化が「唯一の重要点であるわけではない」として次のように述べる。「重要なことはまた、できるだけ長時間各人が実際に監視下にあるということだ」[PI:44]。視線の内面化は、単に光線の仕組みによって生み出されるわけではない。実際に長時間監視下に置かれることが、収容者の行動を律していく。

そして、こうした実際上の監視の可能性を最も高めるのが円形の建物なのである。「あらゆる形態のうちで、円形の建物だけが、同一平面上の数限りない部屋を、完全に、しかも同時に見渡せるようにする唯一のものである」[PI:44][16]。多数の収容者が一度に見渡せる建物の形態と「見られずに見る」という仕組みによって、「監視者が実際にいるということ（*real presence*）が非常に容易であると

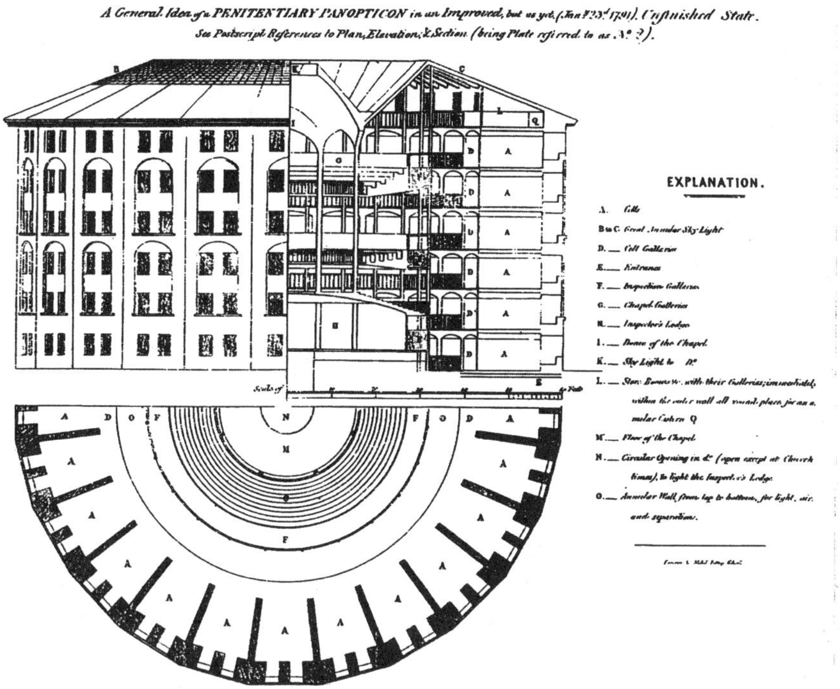

〈図2-1〉パノプティコン原理に基づく懲治監獄［PI］より

いうことと結びついた、監視者の見かけの遍在性（*apparent omnipresense*）」［PI:45］が生み出されるのである。

このように、「監視者の見かけの遍在性」を生み出しつつ、常に監視されているという意識を収容者に植えつける装置がパノプティコンである。収容者のこうした意識を生み出すことによって、不正が防止され、その施設の秩序は保たれる。ここにおいて、何ら強圧的な手段に訴えずとも、一人の監視者が非常に多くの収容者を監視することが容易になる。このようなよく知られたパノプティコンの仕組みは、だがしかし、規律・訓練的な権力を体現するものとしてパノプティコンを位置づけたフーコーに影響された理解に過ぎない。

フーコーは言う。「これは重要な装置だ、なぜならそれは権力を自動的なものにし、権力を没個人化するからである。その権力の原理は、ある人格のなかには存せず、身体・外観・光・視線などの慎重な配置のなかに、そして個々人が掌握

される関係をその内的機構が生み出すそうした仕掛けのなかに存している」[17]。フーコーに触発された先行研究は、パノプティコンの本質をこうした「監視者の見かけの遍在性」というフィクティシャスなものによって、現実の秩序維持がなされる点に着目してきた。だが、この点を強調しすぎると、「見かけの遍在性」そのものが、「監視者が実際にいるということ」を容易にする実在する仕掛けによって支えられていることが見落とされてしまう。第1章で見たように、ベンサムは自然法や社会契約といったフィクションによって法を基礎づけることを批判することから、その立法論を出発させている。ベンサムは、そうしたフィクションを「脱神秘化（demystification）」[18]し、快苦という現実的なもの（real entities）に基礎づけられた社会を構築しようとしていた[19]。フーコーを通してのみベンサムを捉えると、そうした基礎的事柄を見誤ってしまう。

　つまり、パノプティコンを視線の不均衡による監視装置としてのみ捉えるだけでは、ベンサムの社会統治論を捉えそこなってしまうことになるのである。もっとも、前章で見たように、ベンサムは精神に影響を与えるのは「見かけの罰（apparent punishment）」だと述べている。しかし、その見かけの罰を強化するのは「実際の（the real）罰の強さを増大することによってである」[IPML: 178-179]と述べるように、ベンサムは、言語を用いる人間が現実を構成するのにフィクションが不可欠であることを認めながら、それを現実的なもの（real entities）へと帰着させる回路を常に保持しようとしていた[20]。ベンサムにとって、現実的なもの（real entities）とは、快と苦のみであり、快苦によってつきうごかされる人間によって構成されている社会が、いかに統治されるかが重要であったからである。このような人間観にもとづいて、以下に見るような請負制が導き出されるのだが、フーコーはこの点を考慮に入れていないために、パノプティコンが請負制であったことに着目できていない。

　永井義雄が指摘しているように、「『パノプティコン』（1787年執筆、1791年刊行）は、刑務所をはじめとする多数者収容施設の管理原理であるが、同時に刑務所の民営化の原理でもある」のであり、パノプティコンとそして次節で検討する全国慈善会社の二つの計画は、「犯罪者矯正と生活困窮者扶助というこれら二つの部門に市場原理を導入しようという試みであった」[21]。収容者および個々の施設の管理者のふるまいを最大幸福へと方向づけることを現実化する仕組みとしてベン

サムが考えたのは、民間業者にこれらの施設の管理運営を請け負わせるという施設経営のあり方であった。

ベンサムがパノプティコンを次のような二つの主たる特徴のもとに構想していたとL. J. ヒュームは述べている。一つは、言うまでもなく「建物の立地、デザイン、構成といった配置によって」パノプティコン原理を精緻化すること。そしてもう一つは、監督委員会を通した政府による監獄の管理に代えて、請負業者に監獄経営を任せるということである[22]。ベンサムは、自らがこの監獄経営を請け負うことを考えていた[23]。しかし、前述したように、ハワードの『監獄事情』が請負制監獄の劣悪な状況を明らかにして以降、当時の監獄改良運動はむしろ、請負制を廃止し、監獄を公的管理の下に置こうという方向に流れていた。ベンサムのパノプティコンに基づく監獄建設が議会に拒否されたのは、監獄を請負業者に委ねるというこの特徴ゆえにであったとも言われている[24]。ベンサムはなにゆえに請負制にこだわったのか。

『パノプティコン』の補遺第Ⅱ部において、ベンサムは、監獄の経営（management）において、信託制（trust-management）と請負制（contract-management）を対比して論じている。それは、1779年に成立した懲治院法（Penitentiary Act, 19 Geo Ⅲ Ch. 74）[25]が信託制で、しかも理事会経営方式（Board-management）を押し出しているのに対して、請負制の利点を主張するという形になっている。ベンサムは懲治院法の目的について、次のように述べる。「利益と義務とを結びつけることが、その法が目的とすると明言しているところのものである」[26] [PI:125]。「利益と義務との結びつき」というのは、次節で見る勤労院経営の原理にもなっており、ベンサムの構想する施設経営における重要なファクターになっていく[27]。ベンサムは、懲治院法においては、この結びつきが不徹底であるという。なぜなら、懲治院法に従えば、院長（governor）は収益が上がればその分自らの利益にできるが、損失については責任を負わないし、収益のすべてが運営者の利益になるわけではない [PI:125]。経営の全責任は、国王が指名した三人のジェントルマン[28]からなる委員会にあり、院長はその操り人形にすぎないというのである [PI:126]。そもそも、収益が上がろうが損失が出ようが、彼らは一定の給料を支払われる。「給料というのは、その語の通常の意味に従えば……利益と義務の結びつきを強めるどころか、それを弱める」[PI:129] と考えるベンサムにとって、

信託制は非常に拙い経営形態だということになる。

　それに対してベンサムが推奨する請負制は、信託制のあらゆる欠点を免れているとされる。「経済性（Economy）が主要な目的であるべきだ」[PI:128] と主張するベンサムにとって請負制は、この経済性を追求するために最も優れた経営形態なのである。「経済性に対する二つの大きな敵は、公金費消（peculation）と怠慢（negligence）である。信託制は、両方に開かれているが、請負制は、両者に対して扉を閉ざしている」[PI:127]。「請負制の保護の下にあるとき、それに代わって人間の力でそれ以上のことができるだろうか」[PI:127]。「経済性にとっては、請負制の計画がもっとも好ましい」[PI:128]。このような請負制を支えるのが、賞罰と公開性の原理である。賞罰とは、経営者が収益をあげれば、それは報償の形をとって彼のものになり、損失を出せばそれは彼の責任になるということである [PI:127-128]。公開性の原理は、個々の監獄経営者は、その経営状態を常に公開しなければならないということを意味する。「人間自然（human nature）は、拙い経営や損失が有名になってしまった状態で長く続けていくことはできない」[PI:128] から、こうした公開性は、私的経営が堕落するのを十分防ぐことができるのである。

　そして、重要なのはベンサムが次のように述べていることである。「公衆（the public）が彼の収支決算（account）を見ることができるように、その人は自ら収支決算を調べなければならない」[PI:128]。公開されたときに、非難を浴びないように自らの経営を点検すること、この構図は、上で見た在監者が監視の視線を内面化して自らの行動を律することと何ら変わりはない。ベンサムは、パノプティコンの利点として、「下級の管理者あるいは監視者や、あらゆる類の従者や部下が、管理や監視の長に対して、囚人やその他の統治されるべき人々と同じ反抗できない監督下に置かれること」を挙げているが [PI:45]、管理や監視の長その人の行状もまた、「世間という法廷（tribunal of the world）」[PI:46] に対して開かれていなければならないのである。L. J. ヒュームが『パノプティコン』の二つの主要点として挙げた、請負制と視線の内面化の仕組みとは、同じ一つの構造として捉えられるのである。収容者は監視者の視線を、下級の管理者は上級の管理者の視線を、そして、個々の施設の経営者は、世間の公衆の視線を内面化するという構図をベンサムは考えていた。「金銭的な利益への顧慮は、多かれ少な

かれ全ての人において目覚めている」［PI:128］とするベンサムにとって、監視の視線の内面化が秩序ある行動へと導かれるのは、個々の収容者・下級管理者、あるいは施設経営者の利益追求によってである。その意味で、請負制は、公開性の原理のもとで、公衆の視線を内面化して自らの行動を律するように個々の経営者を動機づけていく実質的な基礎づけだったと言えよう。

このように監獄の民営化とは、個々の監獄経営者の利益追求が、その監獄の機能を十全に働かせることに結びつく仕組みを作ることであった。そしてそれは、個々の施設において収容者一人一人が有用な働きをすることが、個々の施設の機能を十全に働かせることを同時に意味するような仕組みと、まったく同型である。

ベンサムは信託制を重商主義的な規制と重ね合わせて批判する［PI:134］。だが、だからと言って請負制は自由放任の原理に貫かれていると短絡するわけにはいかない。経済の論理に貫かれた個々の契約者の自由な利益追求が、全体の利益へと連接していく。そのような仕組みを実現する原理として、パノプティコンは統治論の中に組み入れられているのである[29]。

(3) パノプティコンに基づく社会形成

見てきたように、パノプティコンとは個々の自由な活動が全体の利益を実現する仕掛けである。このような個々の監獄経営の仕組みが社会統治の仕組みにどうつながっていくか、この点はまだ明らかになっていない。

フーコーはこの点について次のように論じている。「パノプティコンは一般化が可能な作用モデルとして理解されなければならない。人間の日常生活と権力との諸関係を規定する一つの方法として、である」[30]。パノプティコンが一般化可能な作用モデルであるということは、二重に重要である。第一に、パノプティコンが決して監獄を専ら念頭に置いたものではないということである。『監視と処罰』にも掲げられている、パノプティコンの解説図〈図2-1〉が、懲治監獄への適用形態（penitentiary panopticon）であるためか、パノプティコンは「円形獄舎」という監獄の建築様式として捉えられる側面がある。ベンサムがパノプティコンの仕組みを説明する際、懲治監獄を例に挙げて論じている[31]ことも、そうした誤解を招く一因となっていよう。そして、決定的に重要なのは、フーコーも指摘しているように、「ベンサムのユートピア［パノプティコンのこと］が一つ

第2章　ベンサムの施設経営論　53

のまとまりとして具体的な形をとることができたのは、ほとんど行刑施設に限られる」[32)]ことである。こうしたことから、たとえば次のデヴィドソンのような誤解が生まれることになる。「ベンサムはパノプティコンの中で犯罪人の教育を準備したのである」[33)]。だが、パノプティコンは、「犯罪人の教育」といった一定の目的と結びつけられないところにこそ、意味を持つものである。そのことをベンサムは次のように述べていた。「パノプティコンは、あまり広すぎない空間において大勢の人々が監視下に置かれることになる、どのような施設にも、例外なく適用可能だということがわかるだろう。その目的がどんなに違っても、また全く反対のものであっても関係ないのである」[PI:40]。パノプティコンは、「悪徳の矯正」や「生活不能者の扶養」「怠惰な者の雇用」など、様々な目的に対応し得る原理として位置づけられているのである。

　だが、パノプティコンが「一般化可能な作用モデル」であることは、それがさまざまな施設に適用可能であるということのみを意味しているわけではない。フーコーはまた、パノプティコンについて次のようにも述べている。「事実それは、あらゆる特定の用途から切り離しうる、しかもそうすべき、政治技術論上の一つの形象なのである」[34)]。パノプティコンを、特定の用途から切り離されるべき「権力の技法（téchnologie de pouvoir）」[35)]と見なすことで、フーコーは、個々の施設経営が社会全体の統治へと結びつく道筋をつけようとする。「強権と学識を誇る高い塔を中心とした透明で円形の名高い檻のなかに、規律・訓練の完璧な制度を映し出すことが、ベンサムにはおそらく問題であるにちがいない。だが、いかにして、規律・訓練を《閉じこめの外に出して》、それを社会体全体のなかで、広く多様に多価値的に機能させうるかを示すこともまた重要である」[36)]。このような、個々の施設における規律・訓練から「規律・訓練的な社会（société disciplinaire）」[37)]への展開はどのようになされるのか。フーコーは、①規律・訓練の機能面の逆転、②規律・訓練の諸機構の分散移転、③規律・訓練の諸機構の国家管理という三点から論じている[38)]。

　①規律・訓練の機能面の逆転とは、規律・訓練が犯罪や怠惰といった施設経営にとっての「危険の消去」から、「もろもろの力をあるエコノミーの中へ組み入れ」、「役立つ個人をつくりだす」という、より積極的な機能を果たすようになることを意味している。このことによって、「規律・訓練は社会の片隅でのその周

辺的な地位から脱し」、「社会のより重要な、より中心部の、より生産的な部門に定着する傾向をおびる」とフーコーは述べる。②規律・訓練の諸機構の分散移転とは、例えば学校が子どもの教育だけでなく、その両親の生活様式へも監視の目を向けることや、病院が、患者だけでなくその地域の住民の健康管理や衛生状態へと医療的監視の目を広げていくことなど、いったん制度へと閉じこめられた規律・訓練が再び社会へと還流していくことを指している。③規律・訓練の諸機構の国家管理とは、「各種の閉ざされた規律・訓練施設（仕事場、軍隊、学校）のあいだに媒介的な網目をひろげて、それら施設が介入しえない場所で作用し、非規律・訓練的な空間を規律・訓練化する」、「高次の規律・訓練（méta-discipline）」としてのポリスの仕組みのことである。それは、個々の施設では対応しきれない「組織間隙的な」問題にまで介入することで、社会全体の規律・訓練化を推し進める。このような働きは、フランスにおいてはポリスが果たしたが、イギリスにおいては「宗教に鼓舞された私的団体」によって果たされたとフーコーは述べている[39]。

このように、有用な個人をつくりだし、取り締まる対象を広げ、さらに個々の施設が取りこぼす問題もポリスの仕組みによってすくい上げることによって、個々の施設における規律・訓練は社会全体の規律・訓練へと展開する。フーコーに即して言えばそうなる。だが、ベンサムに即してもそう言えるだろうか。

たしかに、ベンサムはさまざまな施設にパノプティコン原理を適用した場合について論じ、また監獄経営に即して見たように、個々の施設の収容者の生産性を重視している。また、刑期を終えた囚人のための補助的施設（subsidiary establishment）を設立することも考えている。ベンサムの構想では、囚人は、軍隊に入隊するか、彼の良き行いについて保証金を50ポンド支払う約束をしてくれる責任ある人物を見つけなければ釈放されない。この要件を満たさなかった囚人は、補助施設に収容されるのである。それは、やはりパノプティコン・プランに基づく建物で運営され、その経営者は、パノプティコンに基づく懲治監獄の経営者が最も適しているとされる。経営者にとって囚人は監獄経営のための労働力であり、その囚人が不足した場合のためにも、経営者は刑期が終わった囚人を補助施設に留め置く価値があるというのである［PI:166］。

このようにベンサムにおいても、有用な個人を創り出し、取り締まる対象を広

げることが考えられている。だがそれだけでは、パノプティコンという個々の施設の監視システムが、社会全体というマクロなレベルにおいて機能する仕方は明らかにならない。フーコーはポリスの実践を念頭に置くことでそれを描き出そうとした。第1章で述べたように、ベンサムもまた、統治をあるべきように働かせる布置をつくるのが「ポリスの予防的領域」だとし、間接的立法論はポリス論を参照したものである。だが、だからといって、「規律・訓練の諸機構の国家管理」をベンサムもまた目指していたというわけにはいかない。前述したように、ベンサムは監獄の国家管理を目指そうとする当時の監獄改良運動の流れに抗して、請負制にこだわっていたからである。ベンサムのパノプティコン論の重要な側面である、個々の施設経営者の利益追求によって全体の利益を実現するという論点がフーコーの議論からはすっぽりと抜け落ちてしまっている。そのために、フーコーに依拠すると、個々の施設経営が社会の統治へと連接していくベンサム的道筋は全く見えなくなる。

　前項で述べたように、ベンサムは個々の施設における収容者、あるいは下級の管理者の秩序維持を目指した管理システムと、請負業者による経営システムとを同型性のもとに捉えていた。社会の統治においても、その同型性が貫かれることによって秩序維持が図られることが想定される。だが、いったいそれはどのようにしてか。つまりそれは、ベンサムがパノプティコンによる社会形成をどのような形で構想していたのかを問うことである。この点については、パノプティコン原理を取り入れた貧民対策の中で全面的に展開されることになる。次節では、『パノプティコン』の「いわば姉妹編である」[40]とされる、『貧民の管理向上論の概要（*Outline of a Work Entitled Pauper Management Improved*）』を素材として、全国慈善会社というベンサムの救貧構想を見ていきたい。序章で示しておいたように、パノプティコンとこの全国慈善会社、そして『クレストメイシア』の三者は、「教育理論に対してベンサムが特別な寄与を果たした主要な推進力を表象している」[41]と指摘されているからである。

第2節　全国慈善会社

(1) 構想の概要

　1795年終わり頃からベンサムは、救貧問題に関心を向けるようになる[42]。18世紀後半に救貧費が顕著に増大し、いかに救貧費を下げるかが大きな問題になっていたことについては、多くの救貧法史研究が示している通りである[43]。ベンサムの救貧問題に関する著述は、1795年から1798年に限られている。なぜベンサムがこの時期以降、救貧問題について沈黙するかについては先行研究において議論の対象とされているが[44]、ここでは、ベンサムが貧民対策として打ち出した全国慈善会社（National Charity Company／以下N.C.C.と略記する）の構想を検討することによって、クレストメイシア学校も含むさまざまな施設経営に関するベンサムの基本的なスタンスを確認しておきたい。また、J. R. ポインターが指摘しているように、このN.C.C.による救貧プランにこそクレストメイシア学校構想の始点があると言えるのであり[45]、その意味においても、この構想を検討することが、次章以降のクレストメイシア学校分析にとって、重要なものとなろう。

　全国慈善会社という名称が示しているように、ベンサムが考えていたのは、一つの権威、一つの基金によって、イングランドとウェールズのすべての勤労院（Industry-houses）を統括する一大組織である。しかもそれは、公的な機関としてではなく、一つの会社（Joint-stock Company）[46]として構想され、モデルとされていたのは、イングランド銀行や東インド会社である［PM:369］[47]。東インド会社と同様、土地保有者から選ばれた理事会によって運営され、私的な寄付金として集められた4～6万ポンドの資本と、救貧税に相当する政府からの補助金によって、その運営が行われる[48]。

　ベンサムが目指したのは、私的救貧事業を全国規模で統一的に行うというものである。救貧を私的事業とすることで、意欲のある者にその事業を請け負わせることができるし、そうすることで、政府によっては決して与えられないような正直で効果的なマネジメントがなされると考えていたからである[49]。政府ができるのは、せいぜいN.C.C.の働きをチェックすることくらいである[50]。さらに、エリザベス救貧法以来、救貧行政は教区単位で行われてきたのに対し、ベンサムは全国の勤労院を同一のプランによって運営することを構想する。National

Charity Company という名称の"National"であることの意味は、"Local"な救貧事業への批判としてあるのである[51]。それは、バーミュラーが言うように、貧民収容施設のネットワークという一つのシステムを作ること[52]であるにとどまらず、後に見るように、その施設を行政の末端機関とした新たな社会統治システムの形成を目指したものであった。

　ベンサムは、イングランドとウェールズに2000人収容の勤労院を250カ所に建てることを構想していた［PM:374］が、個々の勤労院は完全なる私的経営体であり、N.C.C.と契約を交わして運営される。それは、勤労院経営者の動機づけにおいて、このような請負制度（contract system）が最も効果的だと考えたからである。ベンサムは経営者への動機づけとして、ここでも「義務と利益とを結びつける原理（Duty and Interest junction principle）」を打ち出している。「あらゆる場合において、彼が自らの義務として守るべきふるまいを守ることが彼の利益になるようにすること」［PM:380］である。経営者が果たすべき義務とは二つあって、「彼の監督下にある者に対しては、人道（humanity）へと還元できるようなものであり、彼の契約主（すなわち会社［N.C.C.のこと］）に対しては、経済性（economy）に還元できるようなものである」［PM:380］。個々の勤労院は、収容者の労働の結果得られる利益によって自足した形で経営が行われるのであり、それゆえに収容者の生命や健康を守る人道的な措置は、勤労院の働き手の健康を守るという意味で必要なのである。他方、そのように勤労院の全ての損失および利益について、経営者が責任を負うことによって、N.C.C.にとっての経済性は確保されるのである。

　だがそうだとするなら、働けない収容者への処遇がひどいものになる危険性は常にあるわけで、それを防止するためにベンサムは、個々の勤労院の運営状況について、世論がチェックできるような「公開性（publicity）」を重視する。「公開性は、経営者の利益と彼の義務における人道的領域の統合を強める方向において、道徳的動機を適用するには最も効果的な手段である」［PM:380］。それゆえ、ベンサムは「あらゆる人や物が、一瞬にして見ることができ、手の届くところに置かれる」［PM:393］ような、帳簿をつけること（book-keeping）の重要性を強調する。「ここで提案されているような規模の救貧院システムにおいては、しっかりと帳簿をつけること（good book-keeping）が、良い管理（good management）が行われ

るかどうかの要である」[PM:391]。帳簿とは単に、金銭的なものだけでなく、勤労院の収容者とその処遇についてのあらゆる側面にわたってのものである。「帳簿のシステムは、管理システムのあらゆる点における経過 (the history of the system of management) 以上でも以下でもない」と述べるベンサムは、収容者の健康・快適さ・勤勉さ・道徳性・規律 (discipline)、そして金銭上の節約について、一目瞭然となるような帳簿をつけるべきだとしている [PM:392][53]。この帳簿は、単に外部からのチェックのためだけではない。全国250カ所の勤労院がほとんどの点で同じプランに基づいて経営されることを構想していたベンサムは、それぞれの勤労院がこのような帳簿を公開することによって、個々の勤労院の管理状況を比較することができるとしている。「したがって、個々の項目に関して、個々の地域の施設における管理は、普通の体制のもとにある孤立した何らかの施設に比べて250倍の高さで完成へ向かうチャンスが得られる」[PM:392]。

個々の勤労院はこのように、私的経営体であるのだが、そこに収容される人々の勤労への動機づけも、まったく同様に経済的な利害に貫かれたものである。ベンサムは、処遇者への動機づけとして、次の6つの原理を挙げている。

(1) 自己解放 (*Self-liberation*) の原理。
(2) まず労働する原理 (*Earn-first* principle)。
(3) 出来高払い (*Piece-work, or proportionable-pay*) の原理。
(4) 報償を与え、競争を活性化する原理。
(5) 名誉を報償として与える (*Honorary-reward*) 原理。
(6) 分業の原理。[PM:383-4]

このうち(5)は、「特に未成年に適用されるもの」[PM:384] となっているので、後の本節第(4)項で扱うことにして、そのほかの5つについてその内容を見ておきたい。(1)は、「勤労院に入ってその経費を労働で支払ったとき以外は、救済しない」[PM:383] という原理である。これは、1760年代以降拡張されつつあった院外救済[54]への批判であり、また、ベンサムの一連の救貧対策に関する著述自体が、院外救済を拡大しようとしたウィリアム・ピットの法案に反応して書かれたものであるということは、先行研究で指摘されていることである[55]。院外救済を

廃止し、しかも救貧にかかる費用を収容者の労働によって賄うということが、私的経営体としての勤労院が成り立つ前提であるのだが、それとともに、この原理は、収容者一人一人もまた、個々の勤労院と同様の原理に基づいて動かされるべきだということを示している。すなわち、(1)の自己解放の原理によれば、よりよく働けば働くほど早く勤労院から出られるし、働きが少なければそれだけ長くいなければいけない。ただ、それだけではずっと勤労院に居続けようとする怠惰な者には効果がないので、(2)の原理が組み合わされることになる。「まず労働する原理」とは、まず労働によってその対価を稼がない限り、何の食事も与えられないという原理である。(1)と(2)の二つの原理によって、収容者の怠惰を防ぎつつ、さらに、(3)(4)のような出来高払いや報償によって、収容者の勤労意欲を動機づけていこうとした。また、(6)の分業の原理は、以上のような賞罰を与えるためには、個々の労働単位を小さくして誰がその仕事をしているかが明確になっていなければならないということである。

このように、収容者一人一人が、自らの利害に動機づけられて勤労するシステムをベンサムは考えていた。このシステムが、私的経営体としての個々の勤労院と同型のものであることは、次のような言辞を見れば明らかである。いま述べた(1)から(6)の原理をベンサムは、「労働の担い手（Working Hands）―その動機づけ」と題したセクションに置いているのだが、「このセクションで述べられる諸原理は……義務と利益とを結びつける原理を多様に適用したものに過ぎない」と述べる［PM:383］。個々の勤労院経営者の動機づけと全く同じ原理が、個々の収容者にも適用されるのである。

ベンサムの構想していた救貧システムとは、N.C.C.＝個々の勤労院＝収容者個々人という構造の中で、それぞれのレベルにおいて、自らの利益を最大限追求することが目指され、そして個々の利益追求の働きによって、この救貧システム全体がうまく機能していくような仕組みである[56]。このようなシステムであるN.C.C.の構想が、下層の子どもを対象にした「教育案」と位置づけられたり[57]、クレストメイシア学校構想の始点だと言われたりする[58]のは、どういうことか。この点を次に見ておきたい。

(2) 教育機関としての勤労院

　N.C.C.が「教育案」であるというのは、ベンサムがこの構想を推進するにあたって、未成年の労働力を重視していたからである。

　「徒弟という資格において、未成年の労働力は、彼らがずっといるという点から見ても、適切な教育（suitable education）を受ける適性があるという点から見ても、この会社の利益追求に関する編成の主要な基盤を作り上げるものである」［PM:390］。

　未成年の労働力とはいっても、ベンサムが大きな期待を寄せるのは、彼が「生来の（indigenous）」あるいは「ほとんど生来の（quasi-indigenous）」労働力と呼ぶ、勤労院で生まれたか、ごく幼いうちに入所した子どもたちである。それに対して、「入ったり出たりする労働力（coming-and-going stock）」は、「世間というものの様子を実際以上に良く言うことによって、解放へのあこがれを引き起こす」［PM:373］ので、「生来の」労働力とは分離されなければならないとしている。だが、生来の者だけでなく、ベンサムは、「成人するまで会社に年季奉公するという条件でないかぎり、通常徒弟契約を結べるような年齢に達した貧民は救済しない」［PM:385］という原理によって、未成年の労働力を確保しようとした。

　このようにベンサムが未成年の労働力に期待したのは、前項で見たように個々の勤労院が私的経営体であることに大きく関連している。貧民は勤労院での労働を通した再教育によって自己利益を追求できるようになり、救貧にかかった費用を労働によって弁済できれば勤労院から解放される。それはつまり、この救貧システムがうまくいけばいくほど、勤労院では労働力が不足することを意味する。収容者の労働によって経営を行う個々の勤労院にとって、労働力不足は経営体そのものの存立に関わる問題となる[59]。勤労院における安定した労働力を確保するために、N.C.C.と徒弟契約を結んだ未成年の働き手が重要になってくるのである。それゆえ、ベンサムの救貧プランにおいては、このような徒弟の処遇が重要なポイントとなり、それについて多くのことが述べられることになる[60]。

　ベンサムは、勤労院での生活が院外での生活よりも劣っているべきだとする、いわゆる「劣等処遇の原則（less eligible principle）」の立場に立ち、勤労院での

食事や衣類などについて「生命と健康の点での必要性」を唯一の基準として徹底的な節約を図る〔PM:387-9〕。特に食事について、肉と野菜をどのような割合で組み合わせればもっとも利益が得られるか、あるいは量や質はどれくらい与えれば良いかなどの「実験」が「生来の」徒弟を対象に行われる[61]。このような徹底した節約にもかかわらず、ベンサムは、勤労院にいる子どもたちの処遇が、院外の子どもよりも良いと述べている。

> 「教育（Education）という事項のもとには、管理原理や雇用などについて述べた章における主題に関するものも含むが、そのような重要な事項のもとでは、概ね以下のような計画が明らかにされてきた。すなわち、N.C.C. の被後見人の状態は、自活している貧民の子どもたちよりも、そして最も高い収入を得ている階級の子どもたちよりさえ明らかに望ましいという状況が約束されているということである」〔PM:422〕。

そして、このように N.C.C. の徒弟の状態が、あらゆる点において、すなわち、「生きながらえる可能性、健康、良きふるまい、そして将来の生活の保証などの点において、院外の仲間やさらに上層の子どもたちよりも望ましいということが明らかになれば」、「思慮深い親は同様の利益を得ようとして自分の子どもたちを送り込んでくる気になる」とさえ述べている〔PM:422〕。

なぜ勤労院の中の方が、院外の子どもたちよりも望ましいと言えるのか。ベンサムは、「会社の幼児たち（the Company's infants）は、私的家族の幼児たちに比べて大きな利点――最も裕福な者たちに比べてさえ、ましてや困窮している者たちよりはずっと――を持っている」〔PM:391〕として、以下のような 8 つの利点を挙げている。

①専門的訓練を受けた医療者（Medical curator）がいる。
②絶えず医療的配慮（medical attention）をしてもらえる。
③いつも専業の保育者がいる。
④適度な運動がなされる。
⑤改良を目的とした実験システム。

⑥無知や偏見や気まぐれに左右されることのない、原理に統治された統一的で体系的な配慮（attention, uniform, systematical, governed by principle）。
⑦最良の子育て様式。
⑧子どもの死亡率を下げるための配慮。

　この８つである。要するに、ベンサムは専門的な知識に基づいた専門家による子育てシステムを勤労院において実現しようとしていたのである[62]。
　しかしそうだとしても、子どもが親から引き離されて「自然の愛情を奪われるという不利益」があるのではないかという反対論に対して、それは利点でさえあるとして以下のように反論している。

「本当の／自然の親（natural parent）は、子どもの利益とは別の、しばしば対立さえするような自らの利益を持っているものだ。それに対して、指名された父（the appointed Father）はそのような対立する利益というようなものは持っていない。……親の愛は、特に粗野で無教育な場合、気まぐれに曇らされるが、……指名された父という／公共的な／共通の保護者の、選ばれ、洗練された精神はそのような不平等から間違いなく逃れていると期待できる。……自然の父（Natural Fathers）というものはさまざまな性格／気質／の者がいる。思慮深い場合もあるが、投げやりな場合もあり、また優しく愛情に満ちている場合もあるが、荒々しく残酷であることもある。指名された父は一人であり、一つの性格／気質／である。しかもそれはその目的のために選ばれた性格である……」[UCL, MSS, CLIIIa93][63]。

　ベンサムはこのように延々と「自然の父」と「指名された父」とを比較している。自然の父は、粗野な場合もあり、またその統治は恣意的で、しかも他人の目に触れない閉鎖性を持っているため、子どもがひどい扱いを受けていても公にならない。それに対して、「指名された父」は洗練された精神をもち、きちんと目的に沿った性格を備えていて、しかもその管理の様子は公開され、監督を受ける。「指名された父」とは、勤労院の管理組織[64]から考えると、教師を指しているかに見える。しかし、ベンサム自身、「通常の生活における生徒のふるまいに対す

る教師の影響力など、この会社が後見する者たちに与える影響力に比べたら、何ほどのものでもない」[PM:395] と述べているように、N.C.C. は徒弟にとって、「教師、親、雇い主という力を集中させている」[UCL, MSS, CLI284] 存在であり、「教育の最初から最後まで（この国では21年間）、教育の領域が個人の時間のすべてを包み込む」[PM:395] ような、収容施設の性質から言っても、この「指名された父」とは、何らかの役割を持った人物を指すというよりは、N.C.C. とその傘下にある勤労院の管理システムそのものを指していると考えるべきだろう。

　第1章第1節で述べたように、ベンサムは、親が子どもを育てるということは、人間自然によって根拠づけられるものではないとしていた。それゆえ自然の性向の弱さを補うために、法による人々の行為の方向づけが考えられたわけだが、ここでもまた、自然の親が教育する資質には全く信頼が置かれず、それに取って代わって、救貧を目的とした管理システムそのものによって子どもの教育が行われることが目指されている。だがこれは、子どもの教育を満足にできない貧民の親に勤労院が取って代わるということのみを意味していたわけではない。先に見たように、ベンサムは、上層の親たちも勤労院での生活から得られる利益を求めて子どもを送り込んでくることを期待していた。ベンサムはまた、この構想における貧民の教育を「国民教育（national education）の一大システムを作り上げる機会」[UCL, MSS, CLI284] であり、それゆえに「全体としての社会のモデル」と見なしていたという[65]。N.C.C. における教育のあり方が、国民教育システムになるとはどういうことだろうか。

(3) 国民教育システムとしての全国慈善会社

　ベンサムが貧民の教育を重視するのは、何よりもまず、この社会を構成している多数者が貧困だということを前提としている。人口の20分の19が貧困者（the poor）だとするベンサムは、前節で見たように、通常の教師―生徒関係などとはその影響力において比ぶべくもない N.C.C. の管理システムによって、直接的に貧困者のふるまいを方向づけようとする。「ここで提起されている状況では、貧困者のふるまいは、金持ちが模範を示したり、偶然コミュニケートしたりして与える、疎遠で当てにならない影響に依存するものではなく、直接的で恒常的な形成力（plastic power）に依存するだろう」[PM:395]。このような意味における

教育とは、何らかの知識の伝達などを意味するのではなく、子どものふるまいや性格、まさに生き方そのものの改変を内実とするようなものである。それはベンサムの次のような言辞に明瞭に表れている。「教育の適切な目的は、人生の目的、つまり幸福（wellbeing）以外の何ものでもない」[PM:395][66]。

　しかし、このような多数者としての貧困者を収容する施設としてN.C.C.が構想されたわけではない。ベンサムは、貧困（poverty）と困窮（indigence）を明確に区別していて、貧困とは自らの労働によって生活の糧を得なければならない人の状態のことで、それゆえほとんど全ての人の状態が貧困ということになる。他方、困窮とは、「働けないか、または労働によっても、必要とするだけの経費を獲得できない」状態を指す[67]。N.C.C.が対象とするのは、当然このような困窮の状態にある人々ということになる。だとすると、N.C.C.が多数の貧困者の人格形成をするという上の叙述と矛盾することになる。

　だがベンサムにとっては、それは矛盾でも何でもなかった。ここでも未成年の徒弟が鍵となる。すなわち、N.C.C.が対象とする成人は、貧困者ではなく自らの労働によっては生活できない困窮者である。だが、見てきたように、N.C.C.は、勤労院で生まれた子どもや幼いうちに入所した子どもを21歳の成人になるまで徒弟として雇うわけである。困窮状態にある大人は自活できるようになれば出ていくが、徒弟は21歳まで出られない。それゆえ当然、ベンサムが考えていたこのシステムがうまく運用されればされるほど、勤労院においては徒弟が多数者となってくる[68]。ベンサムは、このシステムがうまくいけば、21年後には勤労院生まれの者が他の全てのグループを合算したのと同数になるという計算をしている。当初2000人収容の勤労院を250カ所に建てる計画が、そうすると倍になり、収容者の総数は100万人になる。ベンサムは当時のイングランドとウェールズの人口を900万としていたので、共時的に見た場合でも9人に一人はN.C.C.傘下の勤労院の収容者ということになる。時を経れば経るほど、この数がもっと多くなることは明らかである。このように多数の者が勤労院への入所経験者であり、しかもそのうちの大多数が、未成年時から勤労院で教育された者であるという社会をベンサムは夢想していたわけである。N.C.C.の構想は、単なる救貧対策ではなく、勤労院生まれの子どもの教育を基軸に新たな社会を創り出す構想だったのである[69]。

　さらにつけ加えれば、勤労院は単に貧民を収容して労働させる施設であったば

かりでなく、自活している貧困者にとっては、就労登録事務所（Employment-Register-Office）や、慈善的貸付事務所、老齢年金銀行など、さまざまな役割をもった地域センター的役割を果たすことが考えられていた［PM:374］。それゆえベンサムは、多くの勤労院を作って、互いの距離が離れないようにし、そこに通う人々への便宜を図ろうとしたのである。国全体が勤労院を中心として区割りされ、上記のような福祉サービス、あるいは医療サービス[70]を勤労院が提供することによって、地域住民の就労状況や生活水準、あるいは健康状態など、後の施策に役立てることのできる情報収集ができる。しかもそれが全国にあることによって、地域ごとの違いも統計的に知ることができる。勤労院は行政の末端機関として位置づけられているのである。ベンサムの構想したNationalな慈善会社の仕組みは、まさに、一つの国家の行政組織を作り出す試みでもあったのである。

(4) 全国慈善会社からクレストメイシア学校へ

次章以降で検討するクレストメイシア学校は、後に見るように、中・上流階級のための学校である。それゆえ、N.C.C.構想における個々の勤労院が、これまで見てきたような教育機関と言えるとしても、クレストメイシア学校の構想の始点がここにあるということは、すぐに理解できるものではない。確かにクレストメイシア学校も一つの私的経営体として運営されようとしていた。ベンサムはクレストメイシア学校の資金運用について次のように考えている。一口10ポンドの出資金を集め、出資者には5％の利益が出るようにする。最低4ポンド最高8ポンドの授業料として集められた資金は、必要経費の支払いに充てた後の余剰金を政府発行の有価証券（Government Securities）に投資して、出資額に応じて出資者に償還するための減債基金（sinking fund）として貯える。積立金が償還可能になったらすぐに、10％の分割払いで償還していく［CH:129][71]。また、受け入れられた基金およびその処置（disposition）について、決算書を毎年またはそれ以上頻繁にロンドンの日刊紙に公開するということも考えられていた［CH:130］。このように、クレストメイシア学校もまた、一つの合資会社として経営されようとしていたのだが、N.C.C.との相同性は、それだけにとどまらない。

次章で見るような、クレストメイシア学校の管理における重要な二つの柱であるパノプティコンとモニトリアル・システムが、N.C.C.傘下の勤労院の管理にお

いても、同様に重要な役割を果たすものと位置づけられている。ベンサムは、勤労院の建物について、収容者の健康や道徳性、あるいは規律といった点で完全なものとしようとすれば「新しいそして単純な原理——すなわち中央監視の (central inspection) 原理によって統治された建築プラン」が必要だと述べている [PM:375][72]。前節で見たように、パノプティコンは一定の人数を収容するあらゆる施設に適用可能な原理であるが、ベンサムがその実現に向けて資金集めをし、議会の援助を求めたという意味において[73]、監獄とそしてこの救貧システムは、ベンサムにとってパノプティコン原理の実用形態として重要なものであったと思われる。また実際、パノプティコン原理に対する最初の関心は、監獄建設のためではなく、救貧施設建設の文脈から現れたとも言われる[74]。パノプティコン原理にもとづく監獄と救貧院という二つの構想は、1811年に議会に提出されるが、結局は拒否される[75]。この時期、ベンサムはパノプティコン原理をこの二つの領域において実現化することに意欲をもっており[76]、本節で検討してきた「貧民の管理改良論の概要」(Outline of a Work Entitled Pauper Management Improved) が、『パノプティコン』の「いわば姉妹編である」[77]と言われるゆえんである。

しかしN.C.C.の構想は、単にパノプティコン原理を救貧に適用したというだけにとどまらず、前項で見たように、その規模の点から見ても監獄とは違い、社会全体の統治モデルを示したものであった[78]。その基軸に徒弟の教育があったことは見てきた通りである。ところで、この徒弟の教育はどのように行われるのか。子ども自身が他の子どもに教える「仲間による教授 (Fellow-instruction) の原理」をベンサムは採用する。後にモニトリアル・システムとして知られるようになる、相互教授法である[79]。その利点をベンサムは、以下の6つの点に見ている。

①経費の節約。
②畏れという印象や強制という考えが取り除かれるために生徒の側の快適さが増大する。
③教師と生徒の考え方が近いので、積極性が生まれ、進歩が加速される。
④教師の側は、優秀さを示せて命令ができるという快楽によって快適さ (comfort) が増大する。
⑤単に学んで得た知識よりも教えて得た知識の方が完璧であるため、進歩が加速

される。
　⑥かつての徒弟を施設の高い地位の仕事につけることによって、生来の徒弟を昇進させる原理を適用する準備ができること。[PM:385]

　本節第(1)項で見た収容者の動機づけのうち「特に未成年に適用される」「名誉を報償として与える原理」もまた、モニトリアル・システムの競争原理とまったく同様のものである。すなわち、座席や公的見せ物で優秀性を示したり、上位のクラスに上げたり、また着ているもので卓越化したりすることである[80]。経費を極力抑えて学習への動機づけをはかるこのようなやり方は、モニトリアル・システムの実践原理と同じである。
　こうして少ない経費で徒弟を教育することが可能になる[81]。しかし、経費の節約だけが目的だったのではない。相互教授法の利点として挙げたうちの⑥の「かつての徒弟を施設の高い地位の仕事につけることによって、生来の徒弟を昇進させる原理」が示しているように、ベンサムはこうして育て上げた徒弟を各施設の運営に当たらせることを考えていた。

　「その組織が運営されて十分な時間が経ち、教育という点において適切な基礎が築かれれば、その職員は（おそらく教戒師は別だが）施設以外からは選ばれない。つまり、徒弟のストックから選ばれる」[PM:385]。

　このようにすれば、徒弟自身には希望や励ましになるし、N.C.C.側にとっては、適切な教育・性格・経験を持った人材を確実に得られる上、給料の節約にもなるという利点がある。ベンサムが考えていたのは、生まれた時から施設のシステム化された環境の中で育て上げられた徒弟がまた、その施設を運営していくという自足した一つの社会である。しかも、そのように施設を運営できるまでに育て上げられた徒弟が、前項で見たように、施設の外においても増えてくることをベンサムは計算していたわけで、そうなると、社会全体がN.C.C.化してくることになる。社会全体がN.C.C.化すれば、個々の施設経営論はそのまま社会統治論になる。つまり、会社がそのまま社会になるのである[82]。
　見てきたように、ベンサムのこの構想は、個々の私的経営体としての勤労院の

自由な経済活動と、その下での貧民一人一人の利益追求の営みによって、社会全体の統治が貫徹する仕組みである。重要なのは、その仕組みが運用されていくためには、成長途上の集団（rising generation）をいかに教育していくかがピボットになっている点である。つまり、そのような利益追求主体として徒弟を形成することによって、このシステム全体、ひいては社会の統治全体がうまく機能するのである。このように、ベンサムの社会統治論は子どもの教育を基軸として成り立っている。そしてそれは逆に、ベンサムが子どもの教育について考えるとき、その先に社会の統治が見通されていることを意味している。

次章では、ベンサムの学校構想である『クレストメイシア』を検討する。ベンサムの思想において、社会統治と教育とが密接に結びついているという以上の議論を受けて、クレストメイシア学校での教育のあり方がどのような道筋で社会の統治へと連接していくのかを明らかにしていきたい。

注

1）松塚俊三は、自由主義国家について論じたくだりで、ボランタリズムと国家介入は「同根の異花ともいうべきもの」であり、それゆえ、ベンサム主義者に代表される急進的な中産階級が主張した「『ナショナル・エデュケーション』は『ステイト・エデュケーション』とは似て非なるものであった」と指摘している（松塚俊三『歴史のなかの教師―近代イギリスの国家と民衆文化―』山川出版社 2001, 92-94頁）。また、堀尾輝久も、功利主義思想において、教育への国家介入論が「『自由放任』思想の中に、その前提として位置づけられていた」（傍点原文）ことを指摘している（堀尾 前掲書 27-29頁）。
2）小畑俊太郎は、フランス革命の動向に沿ってベンサムの言説の変化を丹念に追った論文の結論部において、ベンサムが1790年代、「政治改革の議論から撤退し」、パノプティコンの建設や救貧事業などの「いわば社会改革の領域へと邁進していく」のは、「［フランス］革命の経験を踏まえての、政治を担う主体を再創出するためのプロジェクトとしての意味をもつであろう」と指摘している（小畑俊太郎「フランス革命期ベンサムの政治思想」『東京都立大学法学会雑誌』第45巻第2号 2005）。
3）Foucault, *op.cit.* [1975] pp. 200-201, 200-202頁。
4）*ibid.*, 第二章参照。
5）Howard, J., *The State of the Prisons in England and Wales with Preliminary Observations, and an Account of Some Foreign Prison*, 1777, 湯浅猪平訳『監獄事情』矯正協会 1972, 川北稔・森本真美訳『十八世紀ヨーロッパ監獄事情』岩波文庫 1994。
6）Ignatieff, M., *A Just Measure of Pain: The Penitentiary in the Industrial Revolution, 1750-1850*, Penguin Books, 1989 (1st. ed., 1978), Chap. 3.
7）Semple, J., *Bentham's Prison: A Study of the Panopticon Penitentiary*, Clarendon Press,

1993, p. 62.
8) Ignatieff, *op.cit.*, pp. 66-67.
9) Semple, *op.cit.* [1993-a] p. 84. ハンウェイは、ロンドン捨て子養育院（The London Foundling Hospital）の理事として捨て子処遇の改善に尽力した博愛主義者である。ハンウェイの捨て子処遇をめぐる活動については、山口真里「18世紀イングランドの捨て子処遇における『家族』と『教育』―ファウンドリング・ホスピタルからハンウェイ法へ―」（『日本の教育史学』第43集 2000）参照。
10）Hanway, J., *Solitude in Imprisonment*, 1776, p. 42. 監獄改良家たちが、独房を推奨した理由は、他に、収容者たちを脅迫や暴力また性的暴行などから守るためと、若者が常習犯と一緒になって堕落するのを防ぐためであった（Semple, *op.cit.* [1993-a] pp. 79-80）。
11）例えば、次のような指摘がある。「ベンサムが考案したパノプティコンは『独房』の集態である。パノプティコンが独房であることには、何か必然性があったのだろうか？パノプティコンにおいては、独房の間の側壁が、同輩同士の交信を完全に遮断する。また、独房は、逆光線の働きによって、その内部の人間が光のなかにその姿を現さざるをえないように建築されている。これらの特徴は、パノプティコンを通じて作動する権力が、収監者を、常に、不可避に、個人という資格において対象化しようとしていることを、示しているだろう」（大澤真幸『性愛と資本主義』青土社 1996, 128頁）。ベンサムは確かに収監者を「個人という資格において対象化」しようとしてはいる。だが、次章で見る「生徒のパラドクス（student's paradox）」というメタファーが示しているように、個人として対象化することが、独房によって可能になると考えているわけではない。
12）Bentham, J., Panopticon; or the Inspection-House, Bowring, J., ed., *The Works of Jeremy Bentham*, Vol. Ⅳ, Russell & Russell, 1962, p. 44, 永井 前掲書 [1982] に一部訳出されている。以下 PI と略記する。ベンサムの『パノプティコン』は、1786年の日付でロシアのクリチェフから友人のウィルソン（George Wilson）に宛てた手紙で構成されている。だが、その4倍もの長さの補遺ⅠⅡが5年後に出される。センプルは、パノプティコンの「手紙」の部分だけ読んでいると「重大な誤解に至る」として、手紙での構想を大幅に変更した補遺も含めてパノプティコンを理解することが必要であると述べている（Semple, *op.cit.* [1993-a] p. 111）。
13）cf. Semple, *ibid.* [1993-a] p. 93, それゆえ性向の善し悪しは、その結果によって判断されるとベンサムは述べている［IPML:125］。この点については、第3章第3節(3)「ベンサムの人間観」において、やや詳しく論じる予定である。
14）Howard, *op.cit.*, Chap. 2. 18世紀の監獄の内情については、Webb, S. & B., *English Prisons under Local Government*, Longman, 1922, pp. 18-31. 特に手数料をめぐる囚人と典獄との対立については、栗田和典「『統治しがたい』囚人たち―1720年代のロンドン・フリート債務者監獄―」（『史学雑誌』第105編 第8号 1996）参照。ただし、ドレイシーは、監獄史家たちがハワードに導かれて18世紀の典獄の金銭ずくの腐敗を誇張しているが、それはロンドンを中心とした偏った史料に基づいた見方だと批判している（Delacy, M., *Prison Reform in Lancashire, 1700-1850: A Study in Local Administration*, Stanford University Press, 1986）。
15）ベンサムはさらに、監視塔の窓の外側に小さなランプをつけ、反射板によってその光をそれぞれのセルに届くようにして、夜も監視の安全性を確保しようとした［PI:41］。

16) 一方でベンサムは、円形が「絶対的な基本条件であるわけではない」とも述べている [PI:41]。すなわち、円形の建物はパノプティコン原理を最も効果的に貫徹させる理想的な形態であって、パノプティコン原理が適用される施設が必ず円形でなければならないということではない。
17) Foucault, *op.cit.* [1975] p. 203, 204頁。
18) Crimmins, *op.cit.* [2004] p. 25.
19) Bender, J., *Imaging the Penitentiary: Fiction and the Architecture of Mind in Eighteenth-Century England*, University of Chicago Press, 1987, p. 213.
20)「現実的なもの」と明確な関係を有する、つまり現実的なものへと「言い換え（paraphrasis）」可能なフィクティシャスなものをベンサムは「論理的フィクション」と呼び、それを人間の言説にとって不可欠なものであるとしている。ベンサムのこのようなフィクション論について詳細に検討したものとして、高島和哉「ベンサムの人間観とその哲学的基礎に関する一考察」『ソシオサイエンス』Vol. 9, 2003。また、船木亨『ランド・オブ・フィクション―ベンタムにおける功利性と合理性―』木鐸社 1998。ベンサムのフィクション論は、『存在論（*A Fragment on Ontology*）』において展開されているが、ボゾヴィックは、『パノプティコン』と『存在論』とを一緒に翻刻し、その序文において次のように指摘している。「『存在論』の主要点は虚構的なもの（fictitious entities）が、その論理的―言説的緻密さ（logical-discursive consistency）によって、現実性を導くことであった。そして、パノプティコンについての著作の主要点は、ある一定の現実―パノプティコンにもとづく監獄―が、全く現実でない何ものか、つまり想像上の非存在物（imaginary non-entitiy）によって、その存在を支えられているということにある」(Božovič, M. ed., *Jeremy Bentham: The Panopticon Writings*, Verso, 1995, Introduction, p. 2)。
21) 永井義雄『自由と調和を求めて―ベンサム時代の政治・経済思想―』ミネルヴァ書房 2000, 57頁。重森臣広「ベンサムの救貧事業論―その営利化と規律主義をめぐって―」中央大学法学会『法学新報』第107巻 第3・4号 2000も同様の指摘をしている。
22) Hume, L. J., Bentham's Panopticon: An Administrative History Ⅰ, *Historical Studies*, Vol. 15, 1973, p. 706.
23) *ibid.*, Himmelfarb, G., *op.cit.* [1995] p. 58.
24) Cooper, R. A., Jeremy Bentham, Elizabeth Fry, and English Prison Reform, *Journal of History of Ideas*, Vol. 42, No. 4, 1981, p. 680.
25) ブラックストーンとW. イーデンによって起草され、ロンドンに国立の懲治監獄を二つ建設しようとしたものである。アメリカの独立によって流刑地を失ったことに起因する。流刑に代えて独房と矯正労働、そして厳格な規律・訓練とによって囚人の矯正を図ろうとした（Igratieff, *op.cit.*, p. 47, Beatie, J. M., *Crime and the Courts in England, 1660-1800*, Princeton University Press, 1986, p. 575)。これは実現しなかったが、その後地方の懲治監獄建設における概念モデルになったという（Bender, *op.cit.*, p. 26)。この法案の内容についてはまた、三宅孝之『近代刑罰法制の確立―刑事施設と拘禁刑―』（大学教育出版 2001）18-24頁参照。
26) ベンサムが参照指示している第18条では、院長や監督者の給料が、個々の懲治院でなされ

た労働からあがる利益によって賄われる場合について述べられたあと、次のような文言が続いている。「そうすれば、個々の院長や監督者が自らの保護と指示の下にあるすべての人を常に有益な形で雇用されるようにすることが、義務であると同時に彼らの利益になることがわかるだろう」(19 Geo Ⅲ Ch. 74 §18)。

27) ベンサムは、「利益と義務の結びつき」というこの原理をあらゆる法が執行される際依拠すべき重要な原理として位置づけている (Bentham, J., A View of the Hard-Labour Bill, Bowring ed., *The Works of Jeremy Bentham*, Vol. Ⅳ, Russell & Russell, 1962, p. 12)。cf. Semple, *op.cit.* [1993-a] p. 43.

28) 当初、John Howard, John Fothergill, Geroge Whatley の3人であったが、1781年までに Thomas Bowdler, Gilbert Elliot, Charles Bunbury に代わったという (Semple, *ibid.*, p. 45)。ハワードは、ホワットリとの意見対立によって監督者の職を突然辞任し、そのことが結果として懲治院建設計画それ自体を頓挫させたという (森本真美「『聖者』の執心―新興ジェントルマン、ジョン・ハワード」山本正編『ジェントルマンであること―その変容とイギリス近代―』刀水書房 2000, 120頁)。L. J. ヒュームは、戦費のための資金不足によってこの計画は停滞したのだと述べている (Hume, *op.cit.*, p. 705, cf. Semple, *op.cit.* [1993-a] pp. 112-3)。

29) 適切な制度的仕組み (proper institutional arrangement) があれば、支配者が自己利益 (self-interest) に基づいて行動したとしても、全体の利益 (universal interest) を共有しないで自己利益を推進する機会はなくなるというのがベンサムの意図するところであったと、スコフィールドは述べている (Schofield, Ph., Bentham on the Identification of Interest, *Utilitas*, Vol. 8, No. 2, 1996)。ベンサムの施設経営論は、このような「適切な制度的仕組み」を作るところに焦点づけられていたと言えよう。

30) Foucault, *op.cit.* [1975] pp. 206-207, 207頁。

31) ベンサムは、「保護、拘束、孤立、強制労働、教育 (instruction) という目的がすべて一定して見られる」がゆえに、懲治監獄を例にパノプティコン原理を説明すると述べている [PI:40]。

32) Foucault, *op.cit.* [1975] p. 252, 246-7頁。

33) Davidson, W. L., *Political Thought in England: The Utilitarians from Bentham to J. S. Mill*, Oxford University Press, 1950, p. 86, 堀豊彦ほか訳『イギリス政治思想Ⅲ―ベンサムからミルにいたる功利主義者―』岩波現代叢書 1953, 52頁。

34) Foucault, *op.cit.* [1975] p. 207, 207頁。

35) フーコーは、ミシェル・ペロー、ジャン=ピエール・バルーとの鼎談で、次のように述べている。「ベンサムは、パノプティコンによって、監獄、学校あるいは病院の問題といったある明確な問題を解決するための建築形態を考えただけというわけではないのです。…彼はまさに監視の諸問題を解決するための権力の技法 (téchnologie de pouvoir) を見いだしたのです」(L'œil du pouvoir, in; *Le Panoptique* par Jeremy Bentham, Pierre Belfond, 1977, p. 11, 伊藤晃訳「権力の眼―『パノプティック』について―」『エピステーメー』Vol. 4, No. 1, 1978, 158頁)。

36) Foucault, *op.cit.* [1975] p. 210, 210頁。

37) *ibid.*, p. 211, 211頁。

38) *ibid.*, pp. 211-218, 211-216頁。
39) *ibid.*, p. 214, 213頁。ポリスについては、フーコーのポリス論を彼が用いた史料にまで降り立って詳細に分析した白水浩信の研究から多くの示唆を得た（白水 前掲書）。ラジノヴィッツによれば、ポリスという用語は、18世紀初めにフランスからイギリスに入ってくるが、市民社会の自由を抑圧するものとして忌避され、治安判事を中心とした既存の秩序維持機能に取って代わるのではなく、それを補完するようなものとして、矮小化された形で受容されたに過ぎないという（Radzinowicz, L., *A History of English Criminal Law and its Administration from 1750*, Vol. 3, Steven & Sons, 1956, pp. 1-8)。また、ポリス概念が、18世紀イギリスでどのような意味で重要されていたかについては、林田敏子『イギリス近代警察の誕生』昭和堂 2002, 第2章参照。
40) 重森 前掲論文 238頁。
41) Taylor, *op.cit.* [1983] p. 313.
42) Bahmueller, *op.cit.*, p. 1, Quinn, M., Jeremy Bentham on the Relief of Indigence: An Exercise in Applied Philosophy, *Utilitas*, Vol. 6, No. 1, 1994, p. 82.
43) さしあたり Slack, P., *The English Poor Law, 1531-1782*, Cambridge University Press, 1995, モーリス・ブルース『福祉国家への歩み―イギリスの辿った途―』法政大学出版局 1984など参照。
44) ポインターは、「ベンサムが彼の救貧プランを後に放棄したかどうかを決めるのは容易ではない」と述べている。1830年にベンサムが自らの救貧プランに郷愁を示していることからみても、ベンサムは決してそれを放棄したわけではないとしながらも、「なぜ彼の貧民問題についての著述は、ほとんどまったく1795年から1798年に限られているのか」という疑問を提出している（Poynter, J. R., *Society and Pauperism: English Ideas on Poor Relief, 1795-1834*, Routledge & Kegan Paul, 1969, pp. 142-143)。ポインターの説明は、ベンサムが政治経済学の別の問題に熱中し始めたからだというものだが、それに対して、ボラレヴィは、人口問題に対するベンサムの著作がその解答を与えてくれるとしている。ベンサムは、人口の増大が当時の主要な問題であるというマルサスの見解を受け入れていたが、その解決策として道徳的禁欲を説くマルサスに対して、彼は産児制限のみならず、同性愛やあらゆる性的奇行を含めた「不妊の性欲（unprolific appetites)」を考えていた。それゆえ、ベンサムが救貧行政についての実践的な提案をやめたのは、この問題を論じようとすれば、性的自由についての彼の意見を入れざるを得ず、それは、産児制限の主張でさえスキャンダラスな当時の状況において、とてもできることではなかったからだと論じている（Boralevi, C. L., *Bentham and the Oppressed*, Walter de Gruyter, 1984, pp. 106-108)。ベンサムの同性愛論については、土屋 前掲書 [1993] に「英語による最初の同性愛擁護論」という一章が設けられてわかりやすく解説されている。また、1785年頃ベンサムが書いた「男色」論の手稿をルイス・クロンプトンが翻刻したものが、やはり土屋によって翻訳されている（ジェレミー・ベンサム, ルイス・クロンプトン編「自己にそむく違反、男色」土屋恵一郎編『ホモセクシュアリティ』弘文堂 1994)。ベンサムの同性愛擁護論は、彼の構想するリベラルな社会の本質を示すものとして重視されている。児玉聡「ベンタムの功利主義の理論とその実践的含意の検討」博士（文学）学位取得論文 京都大学大学院文学研究科 2004, 第6章「功利主義と世論―ベンタムの同性愛

寛容論—」，板井広明「ベンサムにおける快楽主義の位相とマイノリティの問題—『男色論』を中心にして—」『社会思想史研究』第26号 2002など参照。

45) Poynter, *ibid.*, p. 137. また，前述した通り，テイラーは，パノプティコンとクレストメイシアと救貧対策の図式が「教育理論に対してベンサムが特別な寄与を果たした主要な推進力を表象している」と述べている (Taylor, *op.cit.* [1983] p. 313)。ただし，テイラーの場合，クレストメイシア学校は「中産階級が統治に際して正当な役割を果たせるようになる知識と技能を与える」のに対し，監獄と救貧院は，「社会の大多数を占める下層階級に独立して生計を立てられるようにする有用な技能を教える」場と位置づけ，両者を結びつけつつも区別している (*ibid.*, p. 311)。

46) ジョイント・ストック・カンパニーとは，コモン・ロー上存在した法人格のない会社または大きな組合のことを意味する（商事法務研究会『英米商事法事典』1986）。

47) Bentham, J., Outline of a Work Entitled Pauper Management Improved, Bowring ed., *The Works of Jeremy Bentham*, Vol. Ⅷ, Russell & Russell, 1962. 以下 PM と略記する。

48) Himmelfarb, G., Bentham's Utopia: The National Charity Company, *The Journal of British Studies*, Vol. X, No. 1, 1970, p. 83.

49) Bahmueller, *op.cit.*, p. 105. ただし，ベンサムは将来的には政府がこの事業を管理することを展望していた (Himmelfarb, *ibid.*, p. 84, Quinn, *op.cit.* [1994] p. 82)。序章で見たように，ベンサムにおいて，自由主義思想と，国家による統治を求める主張が並存していることは，先行研究においてたびたび指摘されている。この矛盾は，教育への国家介入に即して見た場合，「『一時的』国家介入によって自由放任の社会（市民社会）を完成することを目指していた」と理解されている（宮澤 前掲論文［1961］）。だがむしろ，救貧事業に関するここでの議論においては，統治の貫徹のために一時的に民営化するという論理になっている。ベンサムは，国家の統治の形態そのものが変革されることを見通している。既存の政府による救貧事業は不正や非効率を招くが，新たな統治の下では，国家介入が自由主義と矛盾することなく貫徹されるということをベンサムは展望していたのではないだろうか。

50) Roberts, W., Bentham's Poor Law Proposals, *Bentham Newsletter*, Vol. 3, 1979, p. 35.

51) 18世紀のイギリス社会を特徴づける全国的社会（national society）と地域的文化（communal culture）との対抗関係 (cf. Wahman, D., National Society, Communal Culture: An Argument about the Recent Historiography of Eighteenth Century Britain, *Social History*, Vol. 17, No. 1, 1992) を解体し，全国的に統一した規範を形成しようとしたところにベンサムの社会統治論の一つの新しさはある。ベンサム主義の改革が「中央集権化された規則的効率の行政機構を確立すること」によって「名誉革命後の統治構造の根本的転換を図ろうとした」ものであったことについては，金子勝「イギリス国家における中央と地方」（『思想』No. 746, 1986）参照。

52) Bahmueller, *op.cit.*, pp. 5-6.

53) ベンサムは，「帳簿をつけることは，経済性（economy）にとって一つの道具であろうが，建築はもう一つの道具である」と述べている。後に見るように，ベンサムは個々の勤労院をパノプティコン・システムに基づいて建築しようと考えていた [PM:375]。パノプティコンにおける「緻密さと一度に見渡せる透明性（simultaneous transparency）」が，帳簿をつけ

るための個々の事実を見出すのを容易にすると考えていたからである [PM:392-3]。それは、個々の収容者の行状を見通すだけでなく、個々の勤労院での管理のありようが、N.C.C. にとって、あるいは社会にとって透明になることを含んでいたと言えよう。ベンサムの思想において、このような意味での公開性とパノプティコンの透明性とが密接に結びついていたことについては、Gaonkar, D. P. & McCarthy Jr., R. J., Panopticism and Publicity: Bentham's Quest for Transparency, *Public Culture*, No. 6, 1994.

54) 大澤真理『イギリス社会政策史—救貧法と福祉国家—』東京大学出版会 1986, 52頁。
55) Quinn, *op.cit.* [1994] p. 82, Roberts, *op.cit.*, p. 29, Himmerfarb, *op.cit.* [1970] p. 119.
56) 重森臣広は、「ベンサムの全国慈善会社の構想は、収容型施設『勤労院』のみならず、ノーマルな社会空間の中で貧困と困窮の境界線を往復する不安定な独立生活者をも視野に入れていた点で social police の先駆と言える」と述べている（重森 前掲論文 239頁）。ここで言われる social police なるものが何を念頭に置いているのか不明だが、少なくともベンサムのこの構想は、ここで重森が social police を持ち出す際に関連づける「社会管理（social control）」という枠組みで捉え切れるものではない。また重森は、ベンサムの救貧プランについて、「個人主義の原則を起点として集産主義的な組織化が提起されるという」「落差」を指摘している（同上 251頁）が、まさに、「個人主義の原則を起点として集産主義的な組織化が提起される」ことこそが、近代的統治の姿なのである。
57) O'Donnell, M. G., *The Educational Thought of the Classical Political Economists*, University Press of America, 1985, p. 55, 関劭訳『古典派政治経済学者の教育思想』晃洋書房 1993, 68頁。
58) Poynter, *op.cit.*, p. 137.
59) 既存の貧民院（poor-houses）では、このように永続的な労働力を確保できないことがその生産性にとって障害になっていることをベンサムは指摘している [PM:390]。
60) クインも、N.C.C. が利益をあげられるかどうかは、徒弟の供給に直接的にかかっていたことを指摘している（Quinn, M., The Fallacy of Non-Interference: The Poor Panopticon and Equaly of Opportunity, http://www.ucl.ac.uk/Bentham-Project/journal/nlquinn.htm）。
61) 1780年代から90年代頃には、犯罪予備軍である貧民の子どもに対して、処罰だけでは望ましい結果が得られないため、「そのような問題を解決するための科学の有効性と科学的方法」が認識され始めたこと、そしてその思想的バックボーンとしてベンサムの思想があったことが指摘されている（Andrew, D. T., *Philanthropy and Police: London Charity in the Eighteenth Century*, Princeton University Press, 1989, pp. 182-3）。そしてこの時期に「科学的慈善」を強力に推し進めたものとして、「生活改善協会（the Society for Bettering the Condition and Improving the Comforts of the Poor」が挙げられている（*ibid.*, p. 174）。「生活改善協会」については、第4章第2節参照。
62) このために、個々の子どもについて、"Calendar of Hebe" と呼ばれる詳細な発達の記録がつけられる。その項目は、初めて笑ったのはいつか、人を認識したのはいつか、ハイハイを始めたのはいつか、初めての歯が生えたのはいつか、食べ物やおもちゃを他の子にあげるようになったのはいつか、歩き始めたのはいつかなど、非常に細かい [PM:426]。またこれは、"Calendar of Minerva" と呼ばれる、その後の学業での進歩の記録と統合される [PM:427]。

63) University College of London の特別コレクションに保存されているベンサムの草稿は、ボックスごとにナンバリングされ、そのうちの一枚一枚のペーパーにも番号が打ってある。以下、この草稿からの引用は、UCL, MSS とした後、ボックスナンバーとペーパーナンバーを示す。なお斜線を入れている部分は、ベンサムが複数の単語の候補を書き記していることを示し、思考の揺れを生かしたい場合そのまま斜線を使って引用することとする。
64) 個々の勤労院は、院長以下、教戒師、医療師（Medical curator）、教師（Schoolmaster）、ガヴァネス、女教師（School-mistress）、寮母（Matron）すなわち婦長、オルガン係（Organist）、土地管理人、そして雇用を監督する職場主任（Foreman and Forewoman）によって管理されるという [PM:386]。
65) Himmelfarb, *op.cit.* [1970] p. 105.
66) 元来、この幸福（wellbeing）なるものを目的とするものこそ福祉であり、福祉と教育は、そしてそれらと治安とは〈ポリス〉という領域において緊密に重なり合っていた（寺﨑弘昭「福祉・教育・治安」花井信・三上和夫編著『教育の制度と社会』梓出版社 2000）。そうであるならば、救貧施設としての勤労院が教育機関であり、勤労院をネットワーク化したN.C.C. のシステムが社会全体を統治する国民教育制度として構想されたということは何ら不思議なことではない。
67) Poynter, *op.cit.*, p. 119.
68) しかも徒弟たちは、非常に早い段階で結婚することが許されているばかりか、功利主義的計算から言えば、健康に害を及ぼさないかぎり、早い結婚の快楽が推奨されることになる。勤労院では、質素な食事が出され、雇用され、子どもを世話する体制も整っているわけだから、一般社会におけるような早い結婚に当たっての経済的不都合はない。結婚しても徒弟は厳格な管理体制に従属しているので、道徳的な不都合もない（Himmelfarb, *op.cit.* [1970] pp. 110-111）。これは、「生来の」徒弟をますます増加させることになるだろう。
69) バーミュラーは、ベンサムがパノプティコン原理にもとづくこの救貧院を"ユートピア"と呼んだことに着目し、「ベンサムは、理論においてと同様実践においても賞罰システムが働くような工作模型としての社会（a miniature society）を生み出す段階に達した」と述べている（Bahmueller, *op.cit.*, p. 206）。N.C.C. が東インド会社をモデルにしていたことは前述したが、ベンサムはまた、勤労院を「内地の植民地（domestic colony）」と呼び、それは「外地の植民地を所有するのに伴う不利益なしに植民地によって得られるすべての利点をもたらす」ものと見ていた（Himmelfarb, *op.cit.* [1970] p. 120）。
70) センプルは、ベンサムの未刊草稿を用いて、勤労院は施療院（dispensary）として機能し、地方の病院（country hospital）にとって代わることが構想されていたことを指摘している（Semple, *op.cit.* [1993-b] p. 39）。
71) Bentham, J., *Chrestomathia*, Smith, M. J. & Burston, W. H. ed., The Collocted Works of Jeremy Bentham, Clarendon Press, 1993. 以下 CH と略記する。
72) 個々の勤労院の建物は、正十二角形で監視のための「普遍的な透明性」を実現するために、鉄の枠にガラスをはめ込んだものが考えられていたという（Evans, R., *The Fabrication of Virtue: English Prison Architecture, 1750-1840*, Cambridge University Press, 1982, p. 222）。

73) Poynter, *op.cit.*, p. 141. ベンサムの救貧プラン実現に向けた運動において、彼の助手になったのが、カフーン（Patrick Colquhoun, 1745-1820）である。カフーンがイギリスの警察組織の基礎をつくった人物であることはあまりにも有名であるが（さしあたり林田 前掲書 参照）、カフーンはまた、ベルのモニトリアル・システムを採用した貧民学校の実践についても論じている（Colquhoun, P., *A New and Appropriate System of Education for the Labouring People*, 1806, rep. Irish University Press, 1971）。先にも述べたが、この時代、福祉と教育と治安とは一つながりの問題として捉えられていたのである。

74) Bahmueller, *op.cit.*, p. 67.

75) Poynter, *op.cit.*, p. 142. ベンサムのN.C.C.の構想は、彼のほかの構想と同様、構想のままにとどまった。だが、全国均一処遇、劣等処遇、ワークハウスでの救済を柱とした1834年の新救貧法は、明らかにベンサムのこの構想の影響下にある（川田昇『イギリス親権法史―新救貧法政策の展開を軸にして―』一粒社 1997, 120頁）。

76) Bowring, J. ed., *The Works of Jeremy Bentham*, vol. XI, p. 103.

77) 重森 前掲論文 238頁。

78) ポインターは、ベンサムのこの構想は、「パノプティコン原理にもとづく監獄をワークハウスに適用しただけのものとして始まったのだが、それは、全体としての社会改良の精緻な駆動力（elaborate engine for general social improvement）にまでなっている」と性格づけている（Poynter, *op.cit.*, p. 108）。

79) ベンサムは、「仲間による教授の原理」の成功例として、ベルのマドラスにおける慈善学校を挙げ、1787年に出されたその記録を参照指示している [PM:427]。また、パリ近郊の慈善学校についても言及している。それが具体的に何を指しているかはわからないが、第1章第2節で見たように、ベンサムは、『刑法の原理』において、パウレが死亡軍人子弟のための施設で試みた相互教授法に言及しているので、これを指しているのかもしれない。ところで、ベルやランカスターの実践がよく知られるようになった段階でも、モニトリアル・システムという呼称は用いられず、それぞれベルのシステムあるいはマドラス・システム、ランカスターのシステムあるいはブリティッシュ・システムと呼ばれた。それゆえ、「モニトリアル・システム」という呼称は、歴史的概念として用いることはできない。本論文では、現在ベルとランカスターの考案した生徒同士による教育実践がこう総称されていることもあり、生徒が他の生徒を教える相互教授法を指すものとして、この語を用いる。

80) ここでベンサムは、ウェストミンスター校その他で行われているチャレンジング（challenging）と呼ばれる競争を参照している。この競争はパノプティコン原理を適用した学校を論じる際にも言及されている。

81) ベンサムは古典語教育を苦痛が多く無益だと述べ、それに代わる「有用な勉強」を推奨する。具体的には、「博物学（natural history）、化学、工学、数学、農業、造園、医学（獣医学のため）、そして道徳」である（Himmelfarb, *op.cit.* [1970] p. 107）。また、道徳性を促進するために音楽も重視されている（*ibid.*, p. 108）。

82) 佐藤俊樹は、「最初の」近代社会たる17世紀ニュー・イングランドの諸社会の母胎が会社組織であったことを論じている（『近代・組織・資本主義―日本における近代の地平―』ミネルヴァ書房 1993, 83-85頁）。一つの会社組織が、新しい社会を作り上げる際の工作模型となる

第2章 ベンサムの施設経営論

というベンサムのこの発想は、突飛なものではない。

第3章　クレストメイシア学校構想

第1節　クレストメイシア学校の構図

(1)　国家の工作模型(ミニアチュア)としての学校

『クレストメイシア』[1)]が公刊されたのは1816年から17年にかけてであるが、クレストメイシアに関する最初の草稿は1813年の日付のものであるという[2)]。なぜこの時期にベンサムは、学校構想を書いたのか。この学校の最初の発案者は、ランカスターのモニトリアル・システムの熱心な擁護者であったフランシス・プレース（Francis Place, 1771-1854）である。当時商工業者（tradesman）などいわゆる中産階級の子弟にとって、適当な中等教育機関がなかった。寄宿学校は費用がかかりすぎるし、いじめと悪徳の温床でもあった。財団基金立のグラマースクールは、古典語を中心にした硬直したカリキュラムであった。どちらにしても、この時期新たに台頭してくる産業ブルジョアジーにとって、適当な学校とは言えなかったのである[3)]。そのためプレースは、モニトリアル・システムを高度な学習領域にも適用して教える学校を設立しようとした[4)]。1814年2月には、学校設立の基金を集める組織がベンサム派の人々を中心に作られる。ベンサムも、クイーンズスクェアにある自宅の庭を学校用地として提供することを申し出るなど、当初は積極的に関わっている［CH, Editorial Introduction:xx］。こうした学校設立運動に導かれる形で『クレストメイシア』は書かれた。「すべての人は一人として数えられ、誰も一人以上としては数えられない（Every individual in the country tells for one; no individual for more than one）」[5)]として、その間に差違を認めないベンサムが、ここでだけ「中流および上流階級」とその対象を限定したのは、先に学校設立運動があり、それに応える形でこの構想が書かれたことに起因している。それが意味していることについては次節で論じるが、ここで問題にしたいのは、立法論者ベンサムにとってこの学校構想が持っていた意味である。

第1章で論じたように、ベンサムの立法論は、利己的個人が「最大多数の最大幸福」に資する行為をするよう習慣づけることをその課題としている。それゆえ

「教育論的立法論」6)とも呼ばれるのであるが、にもかかわらず、『クレストメイシア』はそうした立法論とは切り離して理解されてきた。たとえば、永井義雄は、「この運動［学校設立運動］はしかし、ベンサムに法律とはほとんど無関係な例外的な一連の諸著作を書かせたことでも特筆に価する」と述べている7)。また西尾孝司は、ベンサムの教育論は立法論において展開されたため、「かれに残されていた教育論は教育課程論としてのそれのみであったといえよう」として、『クレストメイシア』をカリキュラム論として性格づけている8)。『クレストメイシア』が単なるカリキュラム論ではないことは次項の議論で明らかになるはずであるが、1814年10月の時点ですでに、この学校設立運動に対して批判的見解を漏らしていた［CH, Editoricl Introduction:xv］ベンサムが、新版の著作集でも400頁を越えるこの著作を書き続けたということを見ただけでも、『クレストメイシア』を学校設立運動とのみ結びつけて考えることはできないと思われる。

　ではなぜ、ベンサムはこのような膨大な学校構想を書いたのか。この時期のベンサムは、実際の法典編纂（codification）に意欲を燃やしていた。1811年10月に、アメリカ大統領マディソン（James Madison, 1751-1836）に手紙を書いて法典編纂を申し出たのをはじめとして、ロシアやスペイン、ポルトガルにも法典編纂を申し出ている。また、トルコやスペイン領アメリカ植民地の独立運動にも、独立後の法典編纂の希望を持ちつつ関わっている［LW, Editorial Introduction: xiii-xxxv］9)。重要なのは、ベンサムが『クレストメイシア』を法典編纂の申し出に役立つと考えていたらしいことである。先のベンサムの申し出に対して、マディソンから1816年5月になって返事が届く。芳しい返事ではなかったが、ベンサムは喜んで、秘書のコー（John Herbert Koe）にロンドンにいるアメリカ大使に連絡をとって、マディソンに手紙を受け取ったお礼と、『クレストメイシア』および同じ時期に出版した『行為の動機の表（A Table of Springs of Action）』を送ってくれるよう依頼してほしいと手紙を書いている［LW, Editorial Introduction:xv-xvi］。当時のアメリカ大使は、後に大統領になるアダムズ（John Quincy Adams, 1767-1848）だが、彼を通してベンサムは、各州知事に法典編纂を申し出る手紙とともに、『クレストメイシア』とモニトリアル・システムを説明する表を送っている［LW:57］。あたかも『クレストメイシア』は、ベンサムが作りたいと申し出ている法典編纂の売り込みパンフレットのようだ。ベンサムに

とって『クレストメイシア』は、プレースらの学校設立運動に導かれて書いたにせよ、それにとどまるものではなく、これからベンサムが作ろうとしている国家あるいは州規模の法典を、学校という場で作ってみた工作模型(ミニアチュア)だったのではないか。

　ベンサムは、1817年に『クレストメイシア』の第二部を出版する。それは、「命名と分類（Nomenclature and Classification）」と題されたたった一つの長文の補遺のみからなっていた。そして同年6月づけのアメリカ州知事に宛てた回状において次のように述べている。

「命名と分類についてのこの著作は、その一般的で主要な有用性に加えて、包括的な法典の草案についての申し出にとって全く不適当というわけではない付属物になると考えられます。というのも次のような事情があるからです。つまり、『クレストメイシア』のこの部分でその表現が与えられた論理的概念の集積において、一種の道具が創り出されたと考えられるのです。その道具によって、明瞭・正確・完全という一連の水準（the connected qualities of *clearness, correctness,* and *compleatness*［*sic.*］）にとって新たな安全が与えられるでしょう。何らかの言説から見いだされる有益な結果は、どんなものであれ本質的にそうした水準の程度に依拠していますが、法律の効果を生み出そうとする言説から見いだされる結果についてはとりわけそうです」[LW:59]。

　「命名と分類」というこの補遺において、ベンサムは諸学問領域を正確に名づけ、その相互関係を明確化し秩序立てた分類を行おうとしている。それは、ダランベールが『百科全書』で描いた諸学問の系統図の不備を正そうとする意気込みを持って書かれたものである。上の引用で論じられているのは、そのような「命名と分類」が目指した明瞭さや正確さや完全といった性質が、法律が実効力あるものとなるためにこそ必要なものであるということである。包括的な法典[10]に、明瞭さや正確さが必要なのは当然なのだが、ベンサムが意図しているのはそれだけではない。次項で見るように、『クレストメイシア』においてベンサムがこのような学問分類にこだわったのは、秩序だった分類が示されることそのことによって、生徒の秩序の習慣（habit of order）が形成されると考えていたからであ

第3章　クレストメイシア学校構想　81

る。学問の体系（order）が秩序（order）の習慣を形づくる。それと同様に、秩序だった法典は、国民の秩序の習慣を形づくる[11]。そう考えたベンサムにとって、『クレストメイシア』における学問領域の体系化は、秩序だった法典のサンプルとも言うべきものだったのではないだろうか。

　もちろん、次節で見るように、クレストメイシア学校のカリキュラムは単なるサンプルにとどまらず、そのような新しい法典にもとづく新しい国家を形成する市民が修得すべき科学的知識を示したものである。ベンサムは、人が無知ゆえに陥る有害な妄想への対処として正しい知識を獲得することが重要であると述べ、クレストメイシア学校がそのような知を持つ啓蒙された市民形成を目指したものであるということを、法律用語や医学用語をちりばめながら次のような形で表明している。

　　「これらの［だまされやすく、あるいは人を欺くような］傾向（propensities）については、履歴や来歴（*History* and *Biography*）によって、例証（exemplifications＝認証謄本）が、つまり証拠が与えられる。そのような予防（preservative）が自然哲学（*Natural Philosophy*）から引き出される限り、明らかにクレストメイシアの課程に属する。それが証拠の原理（principle of *Evidence*）から、つまり履歴や来歴から引き出されるなら、その調査と処方は、おそらく一般的意見に従えば、人生のより成熟した自己教育（self-instructing）の時期に属すると見なされるだろう」［CH:30］。

　ベンサムは、クレストメイシア学校について、「それを実行する部門（the *executive department*）では何の役割も果たしていませんが、立法と発議の（*Legislative, the initiative*）部門はすべて私の肩にかかっていました」と述べている[12]。カリキュラムと、学校を管理＝運営する原理について述べたこの書をベンサムは立法論として書いた。つまり、『クレストメイシア』は、単なる学校構想ではなく、学校という小国家における法典編纂の書なのである。

　　「教育は小型の統治である。つまり小型の立法と行政である（Education is government in miniature: legislation and administration in miniature）」［UCL, MSS, CVIIIa88］。

ベンサムは草稿でそう述べている。これは貧民の教育についての叙述であるが、クレストメイシアもこの点において何ら変わらない。N.C.C. が「国民教育の一大システム」とみなされたのと同様、クレストメイシアも「国民教育の一プラン」とベンサムは位置づけている［LW:107］。ベンサムにとって、教育を考えることと、国家の統治を考えることとは全く別のことではなく、一つながりの課題として捉えられていたのである。

本章の課題は、ベンサムの学校構想の内容を検討することを通して、ベンサムの統治論の基軸をなす教育が、具体的にどのようになされるべきだと考えられていたかを明らかにするとともに、カリキュラムや学校管理といった教育の具体相が、ベンサムの社会統治論へとどう連接していくかを検討していくことである。秩序だった法典編纂のモデルともいうべき、体系だったカリキュラムをベンサムがどのように構想していたかを見ることから始めたい。

(2) 教科の配列

『クレストメイシア』は、カリキュラムとその知的教授から得られる利点について述べた第Ⅰ表と、学校の管理原理（principles of school management）について述べた第Ⅱ表についての注釈、および九つの補遺からなっている著作である。クレストメイシア学校の管理原理については、次項で検討する。ここでは、カリキュラムを中心とした第Ⅰ表の注釈について検討しておきたい。

クレストメイシア学校は、7歳から14歳の子どもが通う7年課程の学校として構想されていた［CH:126］。ベンサムは、教育課程を6つの段階に分けて考え、それぞれの段階で教えられるべき科目を提示し、その内容を説明している。各段階に配される科目は、〈表3-1〉のようになっている。

〈表3-1〉クレストメイシア学校のカリキュラム
CH, TableⅠおよびpp.63-89より作成[13]。

基礎学	〈導入・準備・初歩的段階〉 1．読み（書くことによって教えられる） 2．書き 3．一般算術（Common Arithmetic）

〈第一段階〉
　1．鉱物学　╲　身近な視点
　2．植物学　　で示される
　3．動物学　╱　もの
　4．地理学（身近な領域）
　5．幾何学（図形や模型による説明）
　6．歴史年代誌（Historical Chronology）
　7．伝記的年代誌（Biographical Chronology）
　8．図画（Appropriate Drawing）

〈第二段階〉

衛生管理 {

Ⅰ　力学一般
　1．狭義の力学
　2．流体静力学（Hydrostatics）
　3．水力学（Hydraulics）
　4．空気力学（Mechanical Pneumatics）
　5．音響学
　6．光学
Ⅱ　化学一般：空気化学を含む
　7．無機化学
　8．植物化学
　9．動物化学
　10．気象学
Ⅲ　化学と力学両方に属する科目
　11．磁気学
　12．電気学
　13．ガルヴァニー電気学（Galvanism）
　14．投射学（Balistics）

　15．地理学（続き）
　16．幾何学（続き）
　17．歴史年代誌（続き）
　18．伝記的年代誌（続き）
　19．図画（続き）
　20．文法練習（英語・ラテン語・ギリシャ語・仏語・独語に対応したもの）

〈第三段階〉
　1．鉱業（Mining）
　2．地球構造学または地質学
　3．土地調査と測量術
　4．建築学
　5．農業（育種学と造園術を含む）
　6．物理的家政学（家庭管理やその他の日常生活に対応した力学・化学）
　7．地理学（続き）
　8．幾何学（続き）
　9．歴史学（続き）
　10．伝記学（続き）

```
            11. 図画（続き）
            12. 文法練習（続き）
         〈第四段階〉
            1. 生理学
            2. 解剖学
            3. 病理学
 衛      4. 疾病分類学（Nosology）
 生      5. 栄養学
 管      6. 薬学
 理      7. 予防学
 学      8. 治療学
            9. 外科学
            10. 動物衛生学
            11. 害虫駆除法（Phthisozoics）
            12. 地理学（続き）
            13. 幾何学（続き）
            14. 歴史学（続き）
            15. 伝記学（続き）
            16. 図画（続き）
            17. 文法練習（続き）
         〈第五段階〉
            1. 幾何学（証明）
 数      2. 算術（高等な領域）
 学      3. 代数学
            4. 天体地理学
            5. 天体年代学
            6. 歴史学（続き）
            7. 伝記学（続き）
            8. 図画（続き）
            9. 文法練習（続き）
            10. 技術・技芸・製作技術一般
            11. 簿記一般
            12. 商業簿記
            13. 記録法（Note-taking）
```

　一見してわかるように、古典語教育を中心とする当時のグラマースクールとは全く違い、当時めざましい進歩が見られた化学や電気などを重視したカリキュラムである。ベンサムは誇らしげに次のように述べる。「ここで行われるよう提案されている程の有用な知識に匹敵するような前例を見出すのは容易ではないだろう」[CH:25]。もっとも、序章でも論じたように、こうした近代的カリキュラムは、ベンサムのオリジナルというわけではなく、18世紀後半あたりから、非国教

徒が設立したアカデミーや私立学校において試みられていた。ベンサムのクレストメイシア学校のカリキュラムは、古典語中心の教育課程と近代的カリキュラムとのせめぎあいが、最終的に後者の優勢へと帰着する局面を示しているのである。

そして、このような膨大なカリキュラムは、個々の生徒の能力に応じて、後に就く職業の適性を見出すことができる利点を持つとベンサムは述べる。「個々のケースにおいて、若者の精神の力や性向（powers and inclination of the youthful mind）にもっとも適した職業・仕事に目を向ける機会が増える」〔CH:25-26〕。広範なカリキュラムは、子どもの個性や適性を見出すために設定されているのである。

このような膨大なカリキュラムが６つの段階に分けて教えられるのであるが、各段階に分ける基準は、次のように説明される。

「このプランにおいては、基準は、様々な年齢における能力の状態に即している。そうすると、それぞれの場合の教授（instruction）の種類は、その状態に合ったものになる」〔CH:43-44〕。

年齢と能力に即して段階分けされた教科は、当然のことながら、簡単なものから複雑なものへという道筋で学ばれる。

「最も簡単な教科からより複雑なものへと進むこと——つまり、徐々に複雑なものに進むのである。そういう複雑な科目には、より簡単なものが含まれていて、それゆえしばしば同じ科目の最提示になる。様々な場合においてそれらが示される観点は変わるのであるが」〔CH:41〕。

観点の変化とは、例えば次のようなことである。

「最初の段階では、対象（object）は、孤立し静止した状態で示されるだろう。それに続く段階では、同じ対象が、相互に作用しあいながら動く場面の、一部として示されるだろう」〔CH:26〕。

〈表3-1〉を見るとわかるように、第二段階以降、同じ教科が「(続き)」という形で、繰り返し学習される。もちろん難易度は上がっていくのであるが、同じ教科が難易度を上げながら繰り返し学習されることによって、学習内容が定着し、明晰な概念が得られるとベンサムは考えていた。

> 「あらゆる部分は他のものと自然な結びつきをもち、その結びつきを目に見えるものにするあらゆる機会が利用されて、あらゆる事柄は、観念連合の原理によって、それが提示されればそれだけ、多かれ少なかれ記憶の中に他のすべてのものを植え付け、その対象から引き出される概念を非常に明確にする」[CH:26]。

　ここに見られるように、その根拠となっていたのは、プリーストリやJ.ミルが信奉していた連合理論である。観念連合の理論に依拠することで、ベンサムは後に見るような、教育内容の体系化と子どもの内的な秩序形成とをつなぐことができたのである。
　ところで、この簡単さという点に関わって、教える内容の優先順位を決める根拠をベンサムは以下の5つの点から考えている。すなわち、①自然的快さ、②人工的快さ、③有形か無形か、④具体性、⑤複合性である。
　①の自然的快さは、その対象が感覚に訴えるものであることと比例している。

> 「理性の目覚め始めるときには (at the dawn of reason) 特にそうであろうが、ある対象は、それらが専ら感覚 (*the senses*)、特に視角や聴覚に訴えるものであればそれだけ、そして、それが広い範囲における悟性 (*understanding*) ——それは判断力の訓練を必要とする——に向けられるものでなければそれだけ、その対象は快い」[CH:57]。

　子どもにとって、自然に感覚的に受け入れられるかどうかが優先基準になる。植物学や動物学が第一段階に位置づけられているのも、それらが、子どもにとって感覚的に理解しやすいものだからだと言える。
　②の人工的快さは、「熟考と工夫 (reflection and ingenuity)」によって、子どもにとって快いようにしたものである。それは例えば、第一段階で学ばれる鉱物

学が、次のように限定的に考えられていることに表れていよう。

「この第一段階では、この教科［鉱物学］は、形、色、その他の感覚的に捉えられる性質（sensible qualities）を示すことで教えられるものが、教えられるだろう。そして、化学や地球構造学（Geognosy）の場合のように、多かれ少なかれ感覚から離れた因果関係に言及することはないのである」［CH:63］。

③の有形か無形かということについては、具体的な鉱物、植物、動物を対象とする科目が第一段階に、また金銭の貸借や地代など、無形のものを対象とする簿記、それを計算する数学といったものが第五段階に配されていることからわかるだろう。

④の具体性とは、①～③とも関わるが、対象をそれ自体として捉えるか、それともその対象の特性を抽象化して捉えるかという基準である。ベンサムは、この説明として、オレンジを例にとって以下のように説明する。

「これやあれやの個々のオレンジを考えて、その形や色によって与えられる観念、それによってそのオレンジが他の果物や他のオレンジとさえ——同じ種類の別の果物から——区別されるような観念は、具体的な観念である」［CH:57-58］。

それに対して、抽象的な観念においては、「特別に個々のオレンジについては、もはや考えられず、オレンジ一般、さらにフルーツ一般について考えられているのであって、総体としての形、総体としての色が考慮に入れられているのである」［CH:58］。

⑤の複合性が、"簡単さ"に関わる基準だというのは、一見矛盾しているように思えるが、これは、自然にある具体的事物を単純な観念に分析して考察するのではなく、そういう単純な観念から構成されている具体的事物をそれとして観察できる教科の方が、"簡単だ"と考えられるということを指しているのである。ベンサムは、このことを以下のように説明する。

「このように分離をすること［単純な観念に分析すること］——それはいわば、抽

象ということになるのだろうが——は、ごたまぜの束の状態で、つまりそれらが自然の手によって結びあわされてきた束にまとめられている状態で理解することよりも、すなわち、その対象を具体的状態において考えることよりも、ずっと厄介（trouble）だろうし、より強力な注意力が必要となる」[CH:58]。

さて、以上のような"簡単さ"とも関わらせて述べられるが、教科の配列に関してはまた、"有用さ（usefulness）"が重要な基準となる[14]。「一般にもっとも有用さの少ない分野は最後に教えられ、それゆえ必要な時には、最小限の損失でそれを省くことができる」[CH:32]。ただし、この有用さは、一般の生活（common life）にその領域が適用されるかどうかによって判断されるものとされる。

　「提案された教育プランにおいて、有用さという性質が全く議論の余地のないほど、ためらいなくその特質とされるには、そこに含まれているいくつかの領域すべてについて、一般の生活のいくつかの目的すべてに継続的に適用され得ないものが一つとしてない限りにおいてである」[CH:53]。

最後に教えられる"有用でない"もの——数学（mathematical science）——は、「それを役立てることのできる人数の点」と「人生における共通の目的の点」から、つまりそれは誰にでも役立ち得るものではなく、その教科を必要とする一部の者にとってのみ必要であるがゆえに、"有用でない"と判断される。それゆえ「このように与えられる教授の価値が、それに割かれた時間とお金とに十分見合うものではないと判断した親は、課程のこの時点で［子どもに教育を受けさせるのを］やめるだろう」[CH:33]と考えられているのである。

(3) 秩序の習慣形成

　さて、このように配列された膨大な知識の教授は何を目指して行われるのか。ベンサムは、「この教育課程に含まれる知識の領域の多様性と広がり」、つまり、簡単なものから複雑なものへと体系的に配列されたさまざまな教科によって、「一般的な精神の強さ（general strength of mind）」が引き出せると言う[CH:26]。このような知識の教授によって得られる「精神の強さ」とはどのよう

第3章　クレストメイシア学校構想　　89

なものだろうか。ベンサムは、一般的に知的教授（intellectual instruction）は、退屈（ennui）や将来苦痛を引き起こすであろう性的快楽（sensual pleasure）の過度の追求、あるいは怠惰（idleness）に対する安全（security）を確保すると述べているが［CH:19-25］、さらに、体系的で科学的知識を教授することから得られる利点として、「根拠のない恐怖や誤った妄想、勘違い（self-delusions）から守ること」を挙げている［CH:29］。そして次のようにも言う。

「最初の段階では感覚（sensation）と記憶が直接的に働かされる唯一の能力である。それゆえ、概念は比較的弱くはっきりしないままである。しかし、それに続く各段階においては、感覚と記憶が適用されるだけでなく、賛成点、反対点を見出すのに判断力が適用されるだろう」［CH:26］。

つまり、精神の強さとは、自然科学（physical science）の知識に基づいた正しい判断力によって妄想や根拠のない恐怖を予防することのできる能力だと言えよう。

ベンサムがここで述べていることは、第1章第2節で見た間接的立法論のinstructionの働きと同様のものであることがわかる。そこで問題にされていたのは、「様々な犯罪に対して人々を用心させること」であった。市民社会の構成員を念頭においた間接的立法論のinstructionの議論では、自己を欺くのは邪悪な他者であったが、7歳から14歳の子どもが通うクレストメイシア学校においては、判断力の未熟さゆえ、機械の永久運動や錬金術、また幽霊や吸血鬼などの非科学的な自己の妄想こそが自己を欺くということである。

重要なのは、間接的立法論において、instructionだけでは人々の行為の方向づけという点では不十分で、educationによって補完されなければならなかったのと全く同様に、提案されている教科の知識の教授だけでは不十分だと考えられていたことである。秩序立ったカリキュラムを系統的に学ぶこと、そのことによって、ベンサムは「若者の精神に、秩序の習慣（habits of order）を与える」という利点が得られると述べているからである［CH:28］。

秩序の習慣は次のようにして得られる。

「諸種の名前、そしてそれらの種を含む属の名前、そしてその体系や種類（orders and classes）が、…博物誌（natural history）とともに検討されると、最も有用な論理学の領域の内の一つについての授業（lesson）、つまり分類の技術（art of classification）についての授業がなされるはずである。――その授業は、目に見えぬうちに、また誇示されることもなく、しかし同じく効果的になされるのであって――しかも、教師の方も生徒の方も何ら余分な時間も労力も割くことなくなされる」［CH:28］。

つまり、「秩序の習慣」は、前項で見たような、体系立って分類され、一定の秩序に従って配列されている教科を順序正しく学んでいくこと、そのことによってこそ学ばれるのである。

ベンサムにとってクレストメイシア学校の構想が、他方で秩序だった法典のサンプルになり得るためには、学問の体系（order）が秩序（order）の習慣を形成することが、主張されなければならない。クレストメイシア学校構想の眼目は、この秩序の習慣形成にこそある。というのも、ベンサムはまた、次のように述べているからである。

「秩序の習慣や秩序への構え（the habits of and the disposition to order）といったものは、それがはじめにどのようなものに適用されたとしても、一度形成されると、容易に難なく他の何らかの、そしてあらゆるものに転移される。それゆえ、次のようなことが断言されたとしても驚くべきことではない。すなわち、このようにして人生のとても早い段階に植えつけられた（implanted）習慣によって、その分だけ人は、その最期の時まで全生涯の間うまくやれたと思うだろうということ、また、このようにして通学校で獲得されたものによって、家や家族の状態、店や事務所や職業の状態などが、どのようなものになろうとも、多かれ少なかれ、他の場合よりも確かに良くなるだろうということである」［CH:28］。

つまり、ベンサムは、クレストメイシア学校の秩序立ったカリキュラムによって、物事の分類と体系化による市民形成の一つのモデルを示そうとしたのと同時に、そうした秩序ある市民形成を実質的に可能にするものとして、学校における

若者の「秩序の習慣」形成を基軸に据えたのである。

　クレストメイシア学校は、このように体系的カリキュラムと「秩序の習慣」形成によって、市民社会の秩序を形づくる装置であったと言ってよい。その「秩序の習慣」は、具体的にはどのように形成されるのか。以下、クレストメイシア学校の管理（management）原理を検討していく。

(4)　学校管理原理

　クレストメイシア学校の管理原理を列挙したのが、第Ⅱ表〈表3-2〉〈表3-3〉である。この表はⅠ～Ⅴに分類されている。Ⅰは、生徒を学校の運営、教授において採用することについて述べられる。生徒を教師として採用することには、つぎのような四つの利点があるとベンサムは述べる。すなわち、①経費の節約、②時間の節約、③相対的適性（relative aptitude）が高まること、④他の生徒を教えることによる生徒の自己教育がなされることである。生徒を教師とするモニトリアル・システムにおいて、経費と時間が節約されることは見えやすい。また、他の生徒を教えることでその生徒の力が伸びることもよくわかる。では③の相対的適性とはどういうことだろう。ベンサムは次のように述べる。大人の教師が教育という仕事にしっかりと配慮することを確保するのは、「その地位を失うという恐怖」によって以外にはほとんどない。それに対して、教師として採用された生徒は、それだけで名誉と力を得てそれが報償として機能する。そのような利益を得ることと結びついているのだから、その仕事をしっかりとこなすとベンサムは考えていた［CH:102］。また、大人の教師よりも従順で御しやすいこともベンサムは「適性」と見ている。

　Ⅱでは規律を維持する原理が述べられていて、ここでパノプティコンに言及されるが、それは次節で論じるとして、具体的な教授方法に関わる「席次取りの原理」について見ておきたい。生徒たちは課業に応える際、直線または半円形に一列に並ばされる。

　　「もっとも優秀な生徒からその課業について答える。間違えた場合、次の生徒がそれを指摘すると、その生徒は瞬時の判決として、第一位の地位を得る。そして、先に答えた生徒［つまり授業開始時には第一位であった生徒］は、正しく答えら

〈表3−2〉CH, Table II

〈表3−3〉クレストメイシアの学校管理原理のうち、すべての領域に適用されるもの。CH,Table II より作成。

Ⅰ．公認の職員（Official Establishment）に関する諸原理。いくつかの訓練（exersice）を指導する人の性質と機能に関するもの。
  1．最大限、生徒を教師にする原理。
  2．徐々に熟達していく教師が好ましいという原理。
  3．最大限、生徒をチューターとして、授業の理解を助けるアシスタントとして採用する原理。
  4．最大限、生徒を監視者として、生徒を秩序維持者として採用する原理。
  5．学校教師の時間を節約する原理。
  6．恒常的な視察、すなわち常に監視する原理。

Ⅱ．特に規律の維持を目的とする原理。指定された諸訓練が効果的にかつ必ずなされるよう、そして無秩序、諸訓練を阻害するようなすべての行いや、その他の過ちを生み出すような行いが排除されることを目的とする。そしてこれらの目的のために確立されたすべての編成（arrangement）や規則を正しく完全に遵守すること。
  7．処罰を最小限にし、体罰を排除する原理。
  8．報償を節約する原理。
  9．常にどこでも監視が約束され確保される原理。
     →ここにパノプティコン原理に基づく建築を採用する原理が含まれる。
  10．席次取りの（Place-capturing）、即座に降級・進級する原理。
  11．生徒が教師（master）に訴える原理。
  12．少年たちの刑事法廷、生徒を裁判官として採用する原理。

Ⅲ．特に証拠が手近にあるようにするための諸原理。最も正確で、完全で、継続的で簡単に確かめることができる形で、そして、常に全体にわたってすべての過去の事実がわかり、その後の進歩にとって必要で役に立つものである。Ⅰのような訓練をきちんとなすためにも、またⅡで見たような無秩序を排除するためにも。
  13．進歩の記録の集計表、記録簿を採用する原理。
  14．個人的な、また相対的な熟達度の記録簿、席次争いの結果についての記録簿を採用する原理。
  15．非行の記録簿、えんま帳（Black-Book）を採用する原理。
  16．必ず告発する原理、決して黙認しない原理。

Ⅳ．特に完全を確保するための諸原理。あらゆる訓練をあらゆる生徒がなす場合において、例外なく。
  17．必ず熟達が約束されるという原理。
  18．概念や思考がまだ形成されていないことを前提とする原理。
  19．常に必ず完全に習熟される、決して不完全な習熟は許されない原理。
  20．段階を追っての進歩を確保する、段階を追った進歩のための訓練を採用する原理。
  21．頻繁かつ適切に要点を繰り返す原理。

22. 席次争いのような進歩の証拠を示す訓練を最大限採用する原理。
23. 固定した言葉の標準を採用し、言葉の正確な対応を最大にする原理。
   → ランカスターの『教育の改善』p. 84も参照。
24. 身体器官を用いた思考テストを最大限採用する原理。
25. 記録法を伴った思考テストを最大限採用する原理。
26. 自分でやるべきだという要求を最大化する原理。
27. やるべきことを記述して言明し、しっかり知らせる原理。
28. 常に包括的で、例示的（illustrative）図表を最大限提示する原理。
29. 気を散らすものを避け、外のものが見えないようにする原理。
30. 常に必ず最適な生徒の組分けを確保する原理。

Ⅴ．特に最大の手早さと最大の統一性を統合するための諸原理。それに伴って、その教授内容を獲得するのに充てる時間を短くし、同じ教師から同時にそれを学ぶ生徒の数を増やす。
31. 最大限単純化して、短い授業時間を採用する原理。
32. 常に一斉に行動すること（Universal-simultaneous-action）が約束され、効果をもたらす原理。
33. 常にとぎれない行動が約束され効果をもたらす原理。
34. 命令の言葉を採用すること、声による指示を短縮する原理。
   → ランカスター p. 110も参照。No. 23も参照。
35. 必ず見える合図や図表を採用すること、必ずそして一斉に見える指示を採用する原理。
36. 不必要な繰り返しを排除する原理。
37. 記憶を助ける韻律を最大限採用する原理。
38. 多様性を取り入れること、やるべきことが次々変わるようにする原理。

れなかった罰として、その地位を失うという判決を得る。もし、次の生徒も間違えた場合は、その次の生徒というように、最下位の生徒までやっていく。この方法によって、知的な訓練（*intellectual* exercise）は、それが何であれ、若者たちが単なる楽しみのために一生懸命になるほとんどの身体的訓練（*corporal* exercise）と同様に、一つのゲームになる。つまり、罰点には即座の罰が、そして同じ働き（operation）によって賞点には報償が与えられ、どちらの場合においても何ら手間や経費はかからないのである」［CH:106］。

モニトリアル・システムの競争と同様のこのやり方によって、ベンサムは秩序維持と経済性とを両方実現しようとする。それは、前章までで見てきたような施設経営論とまったく同じ論理に立っていることはもはや明らかだろう。

Ⅲで述べられる記録についても、勤労院で細かにつけられる収容者の記録がす

ぐに想起される。ベンサムにとって記録をとり、それが公にされることが制度の秩序維持にとって何よりも確実なことであった。Ⅳでは、教科の内容が確実に定着するための具体的方法が述べられる。ここでは、本章第1節第(1)項で見た、立法においても、また「命名と分類」という『クレストメイシア』の補遺においても重視されていた「明瞭・正確・完全」という水準が追求されていることがわかる。概念や思考が形成されていないことを前提にして、明瞭で正確な言葉を用いて、確実に理解が定着するように配慮し、またそれに役立つような教室空間を作ることもにも気が配られる。

> 「建物の内部のどの部分が生徒の目にさらされているとしても、それを何らかの教育的なもの（*matter of instruction*）で覆っておかなければならない。つまり、印刷された学問的な格言（*verbal didactic discourse*）や絵画の複製、またある時にはものそれ自体によってである。初期の段階においては、伝記的な系図、歴史年表、地図などもこのような方法として役立つだろう」[CH:113]。

また、生徒が気を散らすことを防ぐための建築上の規則として、「高さや、そうでなければそれなりに窓を調整して…建物の外にあるものは、生徒がすわっているどの場所からも見えないようにする」[CH:114]。そしてⅤでは再び、時間や労力を短縮して経済性を求めるとともに、生徒が課業に飽きて怠惰にならないように、短い授業時間にし、また内容を多様化することを考えている。

以上、概略を見た管理原理のうち、クレストメイシア学校の実践における柱となるパノプティコン原理とモニトリアル・システムについて、それらがどのようにクレストメイシア学校に組み入れられているか、そしてそのことは何を意味するかについて、以下の第2節および第3節で検討していきたい。

第2節　パノプティコンによる学校管理

(1) パノプティコン原理の学校への適用

いま見たように、クレストメイシア学校の管理原理としてパノプティコンが採用されていることは明らかであるのだが、パノプティコンの設立計画が監獄と救

貧の領域でなされてきたということもあって、パノプティコンとクレストメイシアとは相容れないものと捉えられてきた。

　ベンサムは、「パノプティコンは、あまり広すぎない空間において大勢の人々が監視下に置かれることになる、どのような施設にも、例外なく応用可能だということがわかるだろう。その目的がどんなに違っても、また全く反対のものであっても関係ないのである」［PI:40］と述べ、パノプティコン原理を適用し得る施設を次のように列挙している。終身刑務所、精神病院、懲治監獄、拘置所、ワークハウス、懲治監（houses of correction）、病院、工場、学校。パノプティコンは、「悪徳の矯正」や「生活不能者の扶養」「怠惰な者の雇用」など、様々な目的に対応し得る原理として位置づけられているのである。このように学校が、監獄やワークハウスなどと並べられているために、パノプティコン原理を適用した学校の性格は、非常に限定的に受け取られ、例えば次のように言われる。「ベンサムも、ブルジョア階級の子弟のための『実学（クレストマスィア）』学校の構想とは別に、下層（貧民）階級にたいする教育（「パノプティコン」）を、救貧法の問題と連関して考察している」（括弧内原文）[15]。

　パノプティコン原理に基づく学校とクレストメイシア学校とがこのように区別されて捉えられるのは、パノプティコンが監獄や救貧対策のイメージで捉えられることにのみ起因するわけではない。ベンサムの学校構想である『クレストメイシア』が、次のような長い副題を伴って書かれたことにも原因の一端はある。「中流及び上流階級の生活に役立つよう高等な学習諸領域にまで新しい教育システムを拡大するためにクレストメイシア通学学校またはクレストメイシア学校という名前で創立しようとする機関の構想についての説明文集」というのが、その副題である。ここでは、「中流及び上流階級」の子弟が対象にされている。それゆえ、「それは明らかに労働者階級のための人道主義的な貧民学校あるいは治安対策的なそれとは別個の、ミドルクラスのための学校を構想したものであり、明らかに二つの階級のためにそれぞれ設けられる複線型学校体系を前提としたものであった」[16]といった評価がなされることになる。

　ベンサムの学校構想についてのこうした先行研究に対して、本節では二つの課題を設定したい。第一の課題は、パノプティコン原理に基づく学校が、労働者階級のための貧民学校案だったのかどうかを確かめることにある。そのために、再

び『パノプティコン』の叙述に立ち戻って、パノプティコン原理を適用した学校の姿をベンサムがどのように考えていたかを明らかにしておかなければならない。第二の課題は、ベンサムが、労働者階級向けの学校と、中産階級向けのクレストメイシア学校とを明確に区別した、複線型学校体系を構想していたのかどうかを明らかにすることである。この課題に取り組むことは、クレストメイシア学校の管理原理にパノプティコンが組み込まれていることの意味をどう捉えるかを明確にするとともに、ベンサムの教育観そのものを問うことになるだろう。

　上で見たように、パノプティコンは、「大勢の人が監視下に置かれることになる、どのような施設にも、例外なく応用可能だ」として、学校にも適用される。懲治監獄などの監視施設が「恐ろしい雰囲気」を引きだすために必要とする鉄格子や柵、錠などの必要がないゆえにかえって、学校には、パノプティコンの原理が純化した形で貫いていると言えるかもしれない。

　学校における不正の防止は、例えば次のように描かれる。

> 「すべての遊び、すべてのおしゃべり——すなわちあらゆる種類の気を散らすことは、教師（master）が中央にいて隠されている状態であることによって、効果的になくなっていく。そしてそれは、生徒間の分離、またはどんなに薄くてもいいから生徒間に置かれる仕切りによって補強される」［PI:63］。

ここでは、中央の監視塔にいる監視者は教師に、隔離されたセルにいる収容者は生徒に置き換えられている。先に見たパノプティコン原理をそのままあてはめれば、生徒は常に監視される可能性の中に置かれ、遊ぶことやおしゃべりができなくなるということになる。

　だが、そう言うためにはいくつかの留保が必要であろう。一つは、生徒間の分離についてである。個々の生徒を隔離する仕切りを設けた教場とは、現在あるLL教室の個別ブースのようなものを想像すれば良いのだろうか。確かにベンサムは、懲治監獄では当初独房を採用していた。しかし、ベンサムの次のような叙述は、この懲治監獄における独房でさえも、一つのメタファーと考えることができることを示している。

「我々の囚人（こう呼ぶ方が短いので収容されている人々を便宜的にそう呼んでおこう）の状態に、あなたは新しい形で認識される、生徒のパラドクス（student's paradox）、すなわち一人でいる時と同様に一人である（nunquam minus solus quam cum solus）という状態を見るだろう。つまり彼らは管理者（keeper）にとっては、群衆（crowd）ではないにせよ、大勢（multitude）であるのだが、彼ら自身にとっては、孤立し隔離された諸個人なのである」[PI:47]。

　これは、管理する側は大勢をまるごと扱うのだが、管理される側にはその管理が個別的に機能するというパラドクスである。それが、「生徒のパラドクス」と呼ばれることは非常に興味深い。ここでは、教師が生徒を集団として扱ったとしても、生徒の側からすれば一人ひとり個別化された形で監視され、評価されるという、教師—生徒関係の特殊性が、懲治監獄での管理者と囚人との関係を説明する論理として用いられているのである。
　したがって、ベンサムが求めた学校での生徒間の分離もまた、実際に仕切りがなくても確保することが可能だと言える。ベンサムは、「この手段によっておそらくはじめて、さまざまな基準、さまざまな才能の特色が個別に認められるようになる」[PI:63]と述べている。重要なのは、実際の仕切りではなく、生徒を個別化して把握することなのである。
　もう一つ考えなければならないのは、監視者に擬された教師が、「隠されている状態」にあるとされていることである。実際には、教師は生徒の前に立ち現れるはずである。このことについては、次のように考えることができるだろう。パノプティコン原理について先に見たように、監視の内面化は、「できるだけ長時間各人が実際に監視下にあるということ」によって効果的に生み出される。だとすれば、教師が実際には隠された状態になくても、その視線が監視者の視線である限り、監視の効果は減じないだろう。むしろ、ここで問題にされている教師の不可視性は、教師が生徒を見る監視や評価の視線と、生徒が目の前にいる教師に向ける視線との非対称性を意味しているのではないだろうか。
　そして、第2章で見てきたように、パノプティコン原理を適用した監視施設における秩序維持を実質的に支えているのが、個々の収容者の利益追求であったのと全く同様に、ここでも個々の生徒が自己の利益を目指して競争することによっ

第3章　クレストメイシア学校構想

て、規律・訓練がなされる。

> 「規律・訓練をもっとも見事にうまく促す力が、ご存じのようにウエストミンスター校のチャレンジングという名で行われている実践以上に利用され得ることは決してない。——つまり、それは業績（merit）にはそれに適した最大限のコインを払い、報償（reward）と懲罰（punishment）という相反する力を一つに統合さえしつつ、少年のあらゆる不注意には不名誉を、彼が払い得る努力には名誉を差し出す制度（institution）である」[PI:63]。

今見たような、生徒を個別化して把握することも、教師と生徒の視線の非対称性も、この競争の体系においてこそ可能になる。以上のような仕組みによって、パノプティコン原理にもとづく学校では、生徒の不正を防止する。ここでは、生徒は常に監視されるべき対象になる。監視を必要とする生徒——それは、労働者階級の子どもに限定されるのか。これが、前項で設定した第一の課題であった。

ベンサムは、パノプティコン原理に基づく学校について、次のようにも述べている。

> 「ウエストミンスター校でクリビング（*cribbing*）と呼ばれるような不正手段〔つまりカンニング〕は、……ここにおいては決してはびこることはない。また、金にあかせて怠惰を隠したり、才能や勤勉に負うはずの名誉を賃借りするようになるといった、早すぎる堕落の体系は完全に払拭されるだろう。それゆえここにおいては、身分の高い人（nobleman）も、何かを知るということについて、一般人（common man）と同じだけの機会を持つことになる」[PI:63]。

ここでは、ベンサムの出身校であるパブリック・スクールにパノプティコン原理が導入された場合の効果が論じられている。生徒が監視の対象となるのは、なにも労働者階級の子どもだからではない。逆に、「身分の高い人」の不正こそが監視され、防止されるべきとされている。そうした不正がなくなれば、「身分の高い人も何かを知るということについて、一般人と同じだけの機会を持つことになる」というのである。ベンサムにとって重要なのは、階級にかかわりなく不正を防止することであって、下層の者のみを秩序化の対象としているのではないと

いうことをこの叙述は示している。少なくとも、パノプティコン原理の学校への適用は、貧民学校計画に限定されるものではないと言うことができる。

先ほど設定した一つ目の課題には、こう答えることができる。そしてこの論理からすれば、ベンサムが複線型を考えていたわけではないことが予想される[17]。だが、前述したように、クレストメイシア学校は「中流および上流階級」の子弟に対象を限定した学校として構想されていた。パノプティコン原理にもとづく学校とクレストメイシア学校との関係を明らかにするためにも、クレストメイシア学校構想にパノプティコンがどのように組み入れられていたかについて見ていきたい。

(2) 『クレストメイシア』におけるパノプティコン

前述したように、『クレストメイシア』は、この学校の利点と教育課程について述べた第Ⅰ表〈表3-1〉、学校管理（school management）についての43の原理を載せた第Ⅱ表〈表3-2〉という、二つの表についての注釈と、9つの補遺から構成されている[18]。

学校管理の原理は、生徒を助教として採用する原理（Scholar-Teacher principle）から始まっている。いわゆるモニトリアル・システムである。先に見た、『クレストメイシア』の副題における「高等な学習領域にまで新しい教育システムを拡大するために」というときの「新しい教育システム」とは、モニトリアル・システムを指しているのである。助教は、学校教師（master）を助けて一つのクラスを受け持つ。ベンサムは、この他に、優れた生徒と劣った生徒を二人一組にして学習させる原理（Scholar-Tutor principle）や、学校の秩序を維持するための監視者に生徒自身を充てる原理（Scholar-Monitor principle）を立てている。

ベンサムがどのような論理のもとに、モニトリアル・システムを自らの学校構想に組み入れたかについては、次節で詳しく論じるが、ここで問題にしたいのは、監視者としての生徒（Scholar-Monitor）の役割についてである。ベンサムは、こうした原理を立てながら、そのようなScholar-Monitorがどのように他の生徒を監視するかについては何ら説明しない。そればかりか、クレストメイシア学校ではこの役割は不必要だとさえ言うのである。

「この役割については——それは、普通の計画では、大規模な学校ではどこでも必要不可欠な役割であるが—— No.(9)のパノプティコン原理に基づいた建築的な編成プランの下では、ほとんど必要でないということがわかるだろう。この原理によって、建物全体の全てのものは、教師（*Head-Master*）の目の届く範囲に終始置かれるのである」[CH:104]。

モニトリアル・システムは、一人の教師が助教を使って非常に多くの生徒を教えることを可能にした学校管理のシステムである。パノプティコン原理によって、学校管理に不可欠な多数の生徒の監視が、今度は助教の手も借りずに一人の教師によって可能になるというのである。

監視の原理としてのパノプティコンについて、ベンサムはさらに詳しく次のように述べている。

「パノプティコンという編成原理（principle of construction）によって、監視の安全性は最大になり、永続的になる。それは、最も遠い生徒の位置と教師の目の位置の間の距離を最小にすることによって、また、最も遠くの者が近くの者によって覆い隠されるようなことがないように床に傾斜をつけることによって、また、教師が見られずに見ることができるようにすることによって可能になる。これらによって、たとえ教師に見られていない時でも、見られていないという状況にあるとは、生徒にはわからなくなる。パノプティコンという編成プランは、クレストメイシア学校に当然採用されるべきである」[CH:106]。

この叙述から、「パノプティコンという編成原理」を採用したクレストメイシア学校の教場の様子を伺うことができる。「最も遠い生徒の位置と教師の目の位置の間の距離」は、教師が円の中心にいて、生徒がその周りに配された場合、もっとも小さくなる。そのことをM. シーボーンは次のように説明する。「ベンサムが心に描いていたのは、大きな円形の部屋で、真ん中に向かって傾斜があり、教師がその中心にいるといった部屋であろう」[19]。ここにおいて、ベンサムのいう「床の傾斜」も説明されている。

円形の教場というのはいかにも奇妙だが、エバンズが載せているクレストメイ

シア学校の図〈図3-4〉は、上のベンサムの叙述を裏づけてくれる。エバンズの説明によれば、図の中心Cに教師がいる。そして、そのまわりの小さな円Bは、モニターの位置を示している。そのまわりAが生徒たちの席である[20]。パノプティコン原理を適用した学校について論じた際に、教師が「隠されている状態」にあるとされているのは、視線の非対称性というメタファーだと述べた。だが、この図を見ていると、「教師が見られずに見る」というのは、そうしたメタファー以上のものではないかと思えてくる。教師は、明らかにモニターの陰に隠れている。ここにおいては、「見られずに見る」ということが実際にある程度可能なのではないだろうか。この学校設立運動に関わった建築家ビーヴァンズ（James Beavans）が設計した学校建築のプランは、「多角形で、ベンサムのパノプティ

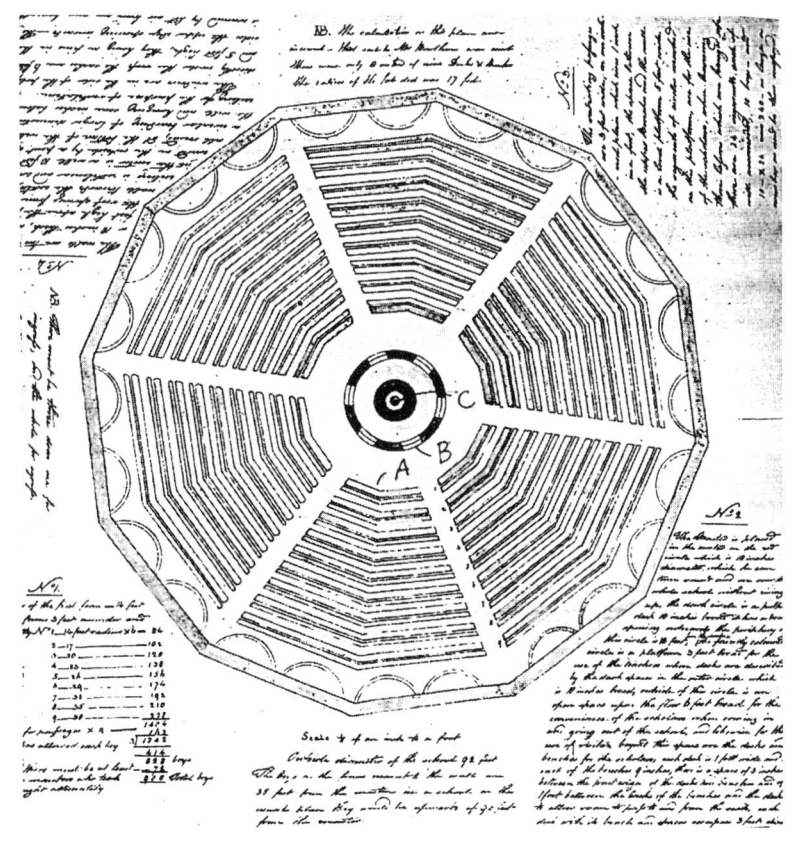

〈図3-4〉 Evans［1971］より

第3章 クレストメイシア学校構想　103

コンプランに忠実にしたがったものだった」[CH, Editorial Introduction:xiv] と言われるが、その詳細は次のようなものであった。「その建物は一つの巨大な多角形の部屋でできていて、同心円状の机の列が9列あり、中央に向かう通路によっていくつかのブロックに分けられる。中央の地点では、教師が回転椅子にすわることになる。それは、回転すれば立ち上がらずに教場をすべて見渡すことができるようにである」[21]。

こうした教場の構造によって、「たとえ教師に見られていない時でも、見られていないという状況にあるとは、生徒にはわからなくなる」とベンサムは言う。生徒が、常に見られているという意識を持つ程に完全な監視を実現することによって不正を防止することをねらったのが、パノプティコンの仕組みであった。そのことは、『クレストメイシア』でも次のように示される。

　　「確実に下級の教師によって、またおそらくは校長によって、見られずになされる事柄が何もないような建物においては、禁止されている行為はほとんど起こらないだろう」[CH:108]。

円形の教室で生徒を一望監視の下に置き、教師の視線から決して逃れ得ない状況を作ることによって不正を防ぐことができるというこの論理は、パノプティコン原理に基づく学校について語られたことと全く同じである。

一方、パノプティコン原理に基づく学校において求められた生徒間の分離は、クレストメイシア学校構想では言及されていない。だが、先に見た「生徒のパラドクス」による生徒間のメタフォリカルな分離は、例えば個々の生徒についての記録簿（Aggregate Register）によって可能になると考えられる。この記録簿には、個々の生徒の名前、出欠、所属クラス、席次取り競争（place-capturing contest）の結果によって決まるクラス内での順位などが記される[CH:107]。生徒は、クラスという集団の中に置かれつつ、個別的に把握されることになる。

席次取り競争とは、パノプティコンやN.C.C.傘下の勤労院で取り入れられようとしていたチャレンジングと、またモニトリアル・システムの競争とも同じものである。ベンサムはそれを以下のように説明している。

「ある課業に答える場合、それが何であれ、同じ授業を受ける生徒たちは、一列に——まっすぐかにか弧を描くようにしてか、もっとも都合の良いようにして——並ばされる。……もっとも優秀な生徒からその課業について答える。間違えた場合、次の生徒がそれを指摘すると、その生徒は瞬時の判決として、第一位の地位を得る。そして、先に答えた生徒［つまり授業開始時には第一位であった生徒］は、正しく答えられなかった罰として、その地位を失うという判決を得る。……罰点には即座の罰が、そして同じ働き（operattion）によって賞点には報償が与えられ、どちらの場合においても何ら手間や経費はかからないのである」[CH:106]。

　順番に答えていくことによって、順位を決定していくことがクレストメイシア学校での学習のやり方であった[22]。競争の結果による順位づけという名誉と不名誉を与えることで、何の経費をかけることもなく、生徒の動機づけを図ろうというのが、ベンサムが考える教育方法である。報償という快を求め、降格の罰という苦を避けようと、個々の生徒が熱心になればなるほど、この学校システムが秩序立った形で動くというこの原理は、第2章で論じた、個々の施設収容者の利益追求によって、施設全体が統制される仕組みと同じものであることがわかるだろう。
　以上みてきたように、パノプティコン原理に基づく学校とクレストメイシア学校では、学校管理（school management）のあり方については何ら違いがない。だが、パノプティコン原理に基づく学校ではあらゆる階層を念頭に置いていたかのように見えるベンサムが、なぜクレストメイシア学校では「中流及び上流階級」に対象を限定しているのか。ベンサムは、階級別の複線型学校体系を構想していたのだろうか。
　ベンサムは、1791年以降パノプティコン原理にもとづく監獄を設立しようと奔走するが、議会の承認が得られず、結局この計画は1813年、監獄用地の買い上げ金と補償とをあわせて2万3千ポンドがベンサムに支払われることで終止符が打たれる[23]。ベンサムが『クレストメイシア』を書き始めるのは、その時期のことである。ベンサムは、パノプティコン原理を現実化する一つの手だてとして、目の前にあった学校設立運動に乗ったのだと思われる。だが、前節でも述べたよう

に、ベンサムは実際の学校設立運動に対してはかなり早い段階で距離を取るようになる。そして、クレストメイシアの膨大なカリキュラムは、実際の学校設立運動の枠組みをはるかにはみ出すものであった。本章第1節第(1)項で述べたように、『クレストメイシア』はベンサムにとって国家の法典編纂を学校という場で作る工作模型(ミニアチュア)と捉えられていた。さらにベンサムは、『クレストメイシア』執筆中の書簡において、それを「国民教育の計画（a plan of National Education）」と述べている［LW:107］。クレストメイシアが国家のミニアチュアであったとすれば、それが国民教育の計画であることは至極当然である。この「国民教育の計画」を導き出すベンサムの教育観を見ておきたい。

(3) ベンサムの教育観

　前項までで述べてきたように、『パノプティコン』と『クレストメイシア』は連続した相の下に捉えることができる。そのような両者を分断して捉える見方には、一定の教育イメージがつきまとっている。つまり、子どもの教育は、犯罪者や生活不能者などの矯正と同じ原理によってなされるはずはなく、そうした教育は、支配階級が貧民階級に与えた治安対策的教育であるという見方である。だが、見てきたようなパノプティコン原理に基づく学校管理という一貫した視点は、ベンサムの教育観がそうした地点に立っていなかったことを示している。

　ベンサムは、パノプティコン原理を個々の閉じられた建物にのみ適用しようとしていたわけではない。

>　「もしこの種の建物一つに詰め込み得る上限が、それぞれの目的によって一定しているとすれば、人数を増やすためには、建物の数を増やさなければならない。もしこれらの円形の建物が二つ必要だとすれば、これら二つの建物は、同じ原理に基づいた渡り廊下によって一つの監視施設として統合されるだろう。そして、そのような渡り廊下のおかげで、監視の領域は無限に拡大されるだろう」［PI:43］。

　これはパノプティコン原理に貫かれた建物のネットワーク化である。そして、パノプティコンが、「社会工学のモデル」[24]であるとか、「究極的な理想的社会像」[25]と言われるように、ベンサムは、こうしたネットワーク化を最終的には社

会全体にまで押し広げようとしていたと考えられる。ここにおいて、パノプティコン原理は、個々の施設の秩序を維持する監視の原理を越えて、社会全体を統治する原理として位置づけられることになる。このネットワークは単なるメタファーにとどまるものではなかった。国民の大多数の教育あるいは再教育を通して、個々の施設の秩序維持と社会全体の統治とをひとつながりのものにする全国慈善会社が、実際にベンサムによって構想されていたことは、第2章で論じたことである。だとすれば、パノプティコン原理に基づく個々の施設でベンサムが行おうとしたことは、市民社会から逸脱した犯罪者や生活不能者をもう一度市民社会へ引き戻すこと、いやむしろその機会を利用して、積極的に市民社会を構成する「市民」を創出することであったと言える[26]。つまり、市民の範疇から逸脱した者に対する、市民への矯正である[27]。

ベンサムは、そうした市民社会からの逸脱者たちと、子どもや若者（rising race）を同じ位置に置いている。「成長途上の集団」ということばが示しているように、子どもや若者はまだ市民として認められていない存在である。その意味で、子どもや若者もまた、市民の範疇から逸脱している。学校は、そうした未だ市民ならざる子どもや若者を市民へと形成する役割を担わされるのである。だが、これは犯罪者や生活不能者に対する矯正とは意味が違う。市民社会からの逸脱者への矯正は、市民へ引き戻す再教育である。それに対して、学校が担うのは、市民へとあらかじめ方向づける〈予備的矯正〉である[28]。予備的矯正としての教育——ベンサムの教育観は、このように規定することができるのではないだろうか。こうした教育観に立つ限り、教育の対象である子どもや若者の階級は問題にならないことは明らかだろう。

第3節　モニトリアル・システムの適用

(1) クレストメイシア学校とモニトリアル・システム

前節では、クレストメイシア学校の管理原理としてパノプティコン原理が組み込まれていることから、従来言われてきたように、ベンサムは、パノプティコン原理に基づく学校とクレストメイシア学校とを明確に区別した、複線型学校体系を構想していたのではなく、むしろ、クレストメイシア学校こそ、パノプティコ

ンを現実化するための学校構想だったということを明らかにした。ベンサムにあっては、子どもや若者は、未だ市民として認められていないという意味で、市民社会の周縁的存在であり、そうした未だ市民ならざる子どもや若者を市民へと予備的に矯正することこそが、教育の果たすべき役割だと捉えられていたことを論じた。

クレストメイシア学校の管理原理として〈表3-2〉で示された43の原理それぞれの項目名の下に並んでいる数字は、モニトリアル・システムの考案者 A. ベルの『教授要目（Elements of Tuition）』(1814) の頁数を示している。この第Ⅱ表はそもそも、「いくつかの高度な学芸（art and science）の学習（語学の学習を含む）に適用され得る、新しい教授システムを構成している諸原理」を示したものである。「新しい教授システム」とは、前述したとおり、とりもなおさずモニトリアル・システムのことである。

ベンサムがベルのシステムをこれほどまでに参照していることは、一見すると奇妙である。確かに、ベンサム及びベンサム派の教育論が、モニトリアル・システムと親和性を持つものであることは、先行研究においても指摘されてきた。例えばバーストンは、功利主義者とモニトリアル・システムとの共通点を以下の四点に見ている[29]。第一に、知識を断片化して教えるモニトリアル・システムの教授のあり方が、「知識は、全体として感覚経験（sense experience）から引き出されるが、その感覚経験は、極小の断片（atomic particles）に分解され、その後連合（association）によって結合される」という功利主義者たちの知識観に適合的だったこと。第二に、学校の全構成員に共通のカリキュラムをもつモニトリアル・システムと、「すべての人は自分の行為の結果を見通すために、実践的知識の一般的基礎を必要とする」と考えていた功利主義者との共通点。そして、三点目と四点目はともに、モニトリアル・システムの競争主義に関わっている。モニトリアル・システムが依拠する競争主義的動機づけは、功利主義者たちが信奉する心理的快楽主義と同様のものであるし、また、すべての行為を結果によって判断するという功利主義倫理学は、競争主義を正当化するものである。また、ミラーのように、学校の管理＝運営に工場経営の方法を持ち込んだ点に、モニトリアル・システムとベンサムとの共通性を見るものもある[30]。

しかし、第4章で論じることだが、いわゆる「ベル－ランカスター論争」におい

て、ベンサム派の人たちが支持していたのは、ベル（Andrew Bell, 1753-1832）ではなく、ランカスター（Joseph Lancaster, 1778-1838）の方だったのであり[31]、それゆえ、人脈からモニトリアル・システムとベンサムとの関係を論じようとすると、ランカスター派のモニトリアル・システムとの関係にこそ焦点が当てられることになる[32]。また、ベンサム自身が国民協会の学校で行われている排他的システムを批判する『イギリス国教会およびその教理問答の検討』［CE］を出版している。言うまでもなく、国民協会とは、ベル派のモニトリアル・システムを支援する団体である。このような批判にも拘わらず、なぜベンサムはベルの『教授要目』を逐一参照しているのだろうか。

　国民協会とその背後にある国教会へのベンサムの批判の論点は、上のような著作に結実していく一連の国教会批判の草稿を検討したテイラーによれば、次のようなものである。「ベンサムは、イギリス国教会に対して、以下の点で特に敵意を示していた。彼が常に不正だと考えていた教会のやっていることに対して、その排他主義に対して、そして、そのすべてに関わっている主教たちのふるまいに対して」[33]。ベンサムは、国民協会が国教会信徒の子どもだけを入学させ、その他の宗派の子どもを排除することは、社会全体の幸福を求める功利の原理に反するとして批判する。そのような排除は、主教たちが自らの権力や威厳を守ろうとするためになされていると指摘するのである[34]。このベンサムの批判は、同じ時期に出版された『議会改革の計画』(1817)における、法や議会が少数の統治者の「邪悪な利益（sinister interest）」のために腐敗していることを問題にし、そうした少数の邪悪な利益を制限するものとして選挙権の拡大を論じる主張と同じモチーフに貫かれている[35]。それゆえ、ベンサムの国民協会批判は、当時の「ベル−ランカスター論争」の背景にある宗派的対立において、国教会に対してランカスターシステムを支持する非国教派を擁護しようとするものでは決してない。世俗教育を目指すベンサムの観点からすれば、非国教会系のランカスター派の学校に対しても、宗教教育をめぐっては対立せざるを得ない。実際、ランカスター派の内外学校協会（British and Foreign School Society）の理事会の非国教会系のメンバーは、ランカスター派の学校においては聖書教育が何よりも重要だと考えていたのであり、この点に関する協会側とベンサム派との溝は、広がりこそすれ縮まることはなかった[36]。

他方、ベンサムは、クレストメイシア学校の構想を準備している期間の書簡において、次のようにベルのシステムを絶賛している。

「私は、ここ２，３日ベルの『教授要目』に索引をつけることに費やしています。それにしても、私はこの著作で示されているすばらしさ、優れた点について……またその計り知れない有用さについて全面的に賞賛します」[CO:441-442][37)]。
「私はあなたに、一部は着手し一部は構想中の著作について、以前お話ししたかどうか覚えていないのですが。その著作は、ベルの教授システムを言語学習を含めたすべての領域の学芸の学習に拡張するためのものです。それはやっと終わりに近づいています。もし私が正しければですが、結論の一つは以下のようなことです。すなわち、ベルの教授システムは、この地球がこれまで目撃したすべての発明品の中で（印刷術を除いて）もっとも有用なとまでは言えなくても、もっとも有用なものの一つであるということです。そして、それは、あらゆる有用な学習の最も高度な諸領域に対して、最も低度な諸領域においてすでに得られているのと同じ利益をもって適用できるものです」[CO:446-447][38)]。

国民協会の排他主義を批判しながら、他方でこのようにベルのシステムを絶賛していることを考えると、ベンサムはモニトリアル・システムを宗派的対立や当時の学校協会の動きといったことから離れて、原理的に捉えていたと思われる。だとすれば、逆にまた、ベルの『教授要目』に全面的に依拠して学校管理原理が立てられているにしても、それは、ランカスターではだめで、それへの批判としてベルを採用したということではない。

確かにこの時期、当初は「高等なランカスター学校（superior Lancasterian school）」と名づけられるはずであったクレストメイシア学校の名称が、有用な学習を意味するクレストメイシアへとベンサムの指示で変わったという [CH, Editorial Introduction:xiv]。だが、バートルも指摘しているように、「ベルのマドラス・システムへのベンサムの熱狂があるからといって、ベンサムがランカスター法を無視したと結論づけるのは、実際誤りである。」[39)]。学校管理原理の表においても、本文においても、ランカスターの著作への参照が指示されているように、ベンサムにとっては、ベルかランカスターかといった二者択一は必要なかったの

であり、総体としてモニトリアル・システムをクレストメイシア学校に取り入れることこそが重要だったのである。そのことを確認した上で、立てられるべき問いは、ベンサムは、モニトリアル・システムの特質をどのようなものと捉え、それを組み込むことによって、クレストメイシア学校をどのようなものとして管理＝運営しようとしていたのかということである。

(2) クレストメイシア学校における教授と管理

〈表3-2〉の学校管理原理のうち、特に3R'sの教育に関するものを除いて、すべての領域に区別なく用いられる原理を訳出したのが、〈表3-3〉である。クレストメイシアの学校管理原理は、先にその概略を見たように大きく5つのカテゴリーに分けられていた。簡単に述べれば、Ⅰスタッフ、Ⅱ規律維持、Ⅲ記録簿、Ⅳ完全な学習、Ⅴ迅速性ということになろう。すなわち、生徒を教授者として採用し、恒常的な監視と競争によって規律を維持し、競争の結果や非行についての記録を作成する。そして、厳密に系統づけられた内容を習熟度別に学習させることによって、確実な理解を確保する。しかも、授業時間や指示の出し方を工夫することによって、それらを短時間で行うというものである。

対応するベルの『教授要目』においても、確かにこれらのことに言及されている。だが、それはあくまでも3R'sを学習させるものであり、また読み書きの目的も聖書が読めるようになることにある。ベンサムは、何を学ぶかとか、何のために学ぶかということから、ベルのシステムを切り離し、人やもののどういう編成の下で学ぶかを問題にしているように見える。つまり、学校は、様々な要素を編成することによって構成される、一つの装置であり、モニトリアル・システムは、その装置を動かす、いわばOS（operating system）なのである。実際、これらの諸原理が機能するさまを述べる場合、ベンサムは、オペレーティングあるいはオペレーションということばを多用している。例えば、生徒を教師として採用する最初の原理(1)について述べるところで、「この原理の適用は従って、古いシステムの下で、大人の下級教師が十分に得られないために時々用いられるような、過渡的なものではない。そうではなくて、本性的にやる気のない、扱いにくい部下を完全に決然と排除するために働く（operating）、本質的特徴（essential feature）なのである」［CH:103］。また、「No.⒀⒁⒂⒃のような、証拠に関する

諸原理が、監視の原理と結合して働く（operating）と証拠に関するあらゆる不確実さはなくなる」［CH:105］というくだりもある。既存の学校におけるクラス分けが固定的であるのに対して、クレストメイシア学校のクラス分けについて次のように述べる場合にも、オペレーションという語が用いられている。「このシステムの下では、個々の生徒がどのクラスに所属するかは、最初から最後まで固定されない。それは No. ⑽のような席次取りの原理（*place-capturing principle*）の働き（operation）の下で、同じ時に彼がクラス内で占める位置と同じように固定されないのである」［CH:114］といった言い方がなされている。

　そして重要なのは、学校を管理＝運営する諸原理を一覧にしたこの表が、段階を追って学習すること⑳や、一つのことを完全に理解するまでは、次の段階に進めないこと⑲、学習内容をはっきり示す必要㉗、あるいは一斉学習㉜など、教授＝学習過程も含んで成立しているということである。ベンサムにとって、教授＝学習の過程は、装置の管理＝運営と別の論理で行われるようなものとは考えられていない。例えば次のような叙述が端的に示しているように、むしろ教授＝学習過程そのものが、装置としての学校を組み立てているのである。

　　「この教授（*in*struction）と No.⑼による構成（*con*struction）の計画においては、実際、義務不履行（delinquency）はほとんど、文字通りの形以外でも、入り込む余地はない」（イタリック原文）［CH:108］。

　ここにおいては、教授（*in*-struction）とは、ある構造とある構造を組み合わせる構成（*con*-struction）と並置されるような、すなわち、ある構造の中での（in）ある配置を意味するものと捉えられている。そもそも、instruct の元のラテン語である instruo が「配置する」とか「秩序づける」といった意味を持つものであったことを考えれば、この並置は、何ら奇異なものではないことになる。さらに、ここで言及されている「No.⑼による構成」とは、〈表3-3〉に示されている通り、パノプティコンのことである。第2章で詳しく論じたように、パノプティコンとは、恒常的な監視の仕組みによって、施設収容者を秩序づけていく一つの装置なのであって、それと並置されている教授もまた、そのような秩序化を可能にする一つの装置と捉えられるべきものなのだ。

すなわち、ベンサムにおいては、教授とは、教師と生徒との間で行われるなにごとか、とは捉えられていない。そうではなくて、その関係も含めて、教授を行う人（助教）を、あるいは教授内容を、あるいは時間割を、あるいは教授を受ける生徒たちを、ある編成の下に配置することによって、学校を管理＝運営していくものとして捉えられていると言えよう。その意味で、教授（in-struction）とは、人、モノ、時間などを配置することを含んで、そして教授がなされる構成（con-struction）とも一体となって、学校秩序の構造が、その装置に組み込まれている人々の「中に（in）」定着することを意味するものと考えられていたのである。

先ほど、クレストメイシアの学校管理原理においては、何を学ぶかとか、何のために学ぶかということが捨象されていると述べた。しかし、以上のような考察を経た上で言えば、端的に、秩序立てて配置された人やものの編成そのものを学ぶのであり、そうした秩序立てられた編成を内面化するためにこそ学習がある、とも言い得るのである[40)]。

本章第1節で見たように、ベンサムは、クレストメイシア学校での知的教授から得られる利点の一つとして、「若者の精神に秩序の習慣（habits of order）を与えること」を挙げている。しかも、この習慣は、ベンサムによれば以下のような形で形成される。

「諸種の名前、そしてそれらの種を含む属の名前、そして、その秩序や階層が、博物誌（natural history）と共に、検討されると、もっとも有用な論理学の領域の内の一つについての授業（lesson）、つまり分類の技術（art of classification）についての授業がなされるはずである。――その授業は、目に見えぬうちに（insensibly）、また誇示されることもなく、しかし同じく効果的になされるのであって――しかも、教師の方も生徒の方も何ら余分な時間も労力も割くことなくなされる」［CH:28］。

つまり、秩序の習慣というものは、物事が分類され、それが一定の秩序に従って配列されるということ、そのことによって知らぬ間に身につけられるものである。体系立てられたカリキュラムの内容ではなく、その体系を秩序立てている構造そのものが、習慣としての秩序へと結びつくことこそが重要であった。何を学

ぶかと言えば、それは、秩序そのものを、としか言いようがない。

　さらに、この「秩序の習慣」は、「もっとも高度であると同時に、もっとも身近な目的である、良き秩序（good order）、内的な平穏の源泉、そして優れた管理（management）の手段といったものに適用できる」［CH:28］ものとみなされている。それゆえ、「秩序の習慣や秩序への構え（the habits of and the disposition to order）といったものは、それがはじめにどのようなものに適用されたとしても、一度形成されると、容易に難なく他の何らかの、そしてあらゆるものに転移される」［CH:28］とされていた。カリキュラムの秩序によって植えつけられる秩序の習慣は、より広範な秩序を生み出すためにこそ必要とされているのである。何のために学ぶかと言えば、それはやはり、秩序のために、としか言いようがないのだ。

　まさに、秩序をめぐる一つの自己運動である。ある秩序だった配列によって、秩序への習慣が植えつけられる。そして、その習慣は、他の、あるいは後の秩序維持へと転移される。秩序が秩序の習慣を生み、その秩序の習慣が他の秩序を生むという、この秩序の自己再生産過程において、その習慣を植えつけられる「若者の精神」は、単に秩序を拡大再生産する装置でしかない。

　ベンサムのこうした単純な人間理解こそ、J. S. ミル（John Stuart Mill, 1806-1873）が口を極めて批判した点である。「ベンサムは、人間のうちに、最も卑俗な目が見てとれるもののほかにはほとんど何ものをも見ていなかった。また、性格の多様性についても、走っている人でも読みとれる程度のものしか認めえなかった。人間の諸感情（feelings）についてこれほどわずかしか知るところがなかったので、それによってこれら諸感情が形成されることになる諸影響については、なおさら知るところがなかった。精神（mind）がそれ自体に対して作用する、また外界の事物が精神に対して作用する、より微妙な働きはすべて、彼の目には捉えられなかった」[41]。「ベンサムによれば、人間とは、快楽と苦痛とを感じることのできる存在であり、また、そのいかなる行動（conduct）においても、一つには利己心のさまざまな変形物によって、および普通は利己的と認められている情念（passions）によって、支配されているし、また一つには他の存在に対する共感によって、また時にはそれに対する反感によって、支配されている存在であると考えられている。そして、人間性（human nature）についてのベンサムの

概念は、これ以上には出ないのである」[42]。

ミルが指摘しているように、ベンサムは人間を情念に支配された存在と見ていた。だが、そのように情念に支配された人間が、同時に、秩序を拡大再生産するようになるのはどのようにしてか。そして、ベンサムはその批判者が言うように、機械的な人間観に立っていたのだろうか。ミルがベンサムの人間理解に関して参照を指示している『行為の動機の表（*A Table of the Springs of Action*）』も参照しつつ、この点を次に考えてみたい。

(3) ベンサムの人間観

『行為の動機の表』が書かれたのは、1813年から1815年にかけてであり、印刷は1815年、公刊されたのは、1817年のことである［SA, Editorial Introduction:xii］[43]。これは、『クレストメイシア』の主要部分であるカリキュラムや学校管理原理が執筆されたのが、1814年から1815年にかけてであり、印刷は1815年、公刊されたのは1816年であること［CH, Editorial Introduction:xx］と見比べると、まさに、クレストメイシアと並行して書かれていたものだと言える[44]。

『行為の動機の表』は、快苦の種類によって分けられた14の表から成っていて、それぞれに対応する利益、及び動機が記されている（例えば〈表3-5〉）。この表には、たくさんの心のありようを示す語が、「中立的」「賞賛に値する（Eulogistic）」「非難に値する（Dyslogistic）」という形で分類されている。だが、ベンサムは、「ここで主要な用語として用いられたことばは、論述の必要から枠づけた、ほとんど虚構の心理的なもの（mostly fictitious psychological entities）の名前である」［SA:87］と述べる。ベンサムにとって虚構でない、現実性のあるものは、快と苦のみである。

> 「快と苦は（常にそれは個々の快や個々の苦と理解すべきだが）現実的なものである。――したがって、「快」とか「苦」といったことばはそれぞれ現実的なものの名前である。――だれもそれを疑おうと思う人はいないはずだ。これらの存在について、私たちが持っている証拠は、快苦がそれぞれ宿る場である身体や精神の存在について私たちが持っている証拠よりもさらに直接的である」［SA:76］。

第3章 クレストメイシア学校構想

〈表3-5〉SA より

No. VIII. PLEASURES AND PAINS,
—*of the* MORAL *or* POPULAR *Sanction: viz.* PLEASURES *of* REPUTATION,
or Good-repute: PAINS *of* BAD REPUTATION, *or Ill-repute.*

Corresponding *Interest, Interest of the* TRUMPET.

Corresponding *MOTIVES*—with NAMES.

—I. NEUTRAL: *viz.*	I. NEUTRAL *continued.*	—II. EULOGISTIC: *viz.*	—III. DYSLOGISTIC: *viz.*
Single-worded, none.	ignominy, infamy, odium, unpopularity; of ill, evil, bad —repute, report, or fame; of an ill, &c. name; of bad reputation, bad character: of being disgraced, dishonoured, &c.	1. Honour.	1. Vanity.
Many-worded,		2. Conscience.	2. Vainness.
1. Desire, &c. (*as per No. VII.*)—of obtaining, &c. the good-will, &c., thence the eventual services, &c. of *the public at large*, or a more or less considerable, though not liquidated, portion of it.		3. Principle.	3. Ostentation.
		4. Probity.	4. Fastidiousness.
		5. Integrity.	5. Vainglory.
		6. Uprightness.	6. False glory.
		7. Rectitude.	7. False honour.
	4. Sense of propriety, decorum, honour, dignity; moral rectitude, moral duty.	8. Honesty.	
		9. Heroicalness.	8. Pride.
		10. Honest, becoming, laudable, virtuous, pride: a proper degree of pride.	9. False pride.
2. Fear, &c. (*as per No. VII. Col. 2.*) of losing, &c. the good opinion, &c. of ditto.			10. Self-sufficiency.
			11. Loftiness.
			12. Haughtiness.
			13. Assumingness.
3. Fear, or sense—of shame, disrepute, opprobrium, reproach, dishonour, disgrace,		Conscience and Principle *belong also to Nos. IX. and X.: so likewise* Probity, &c.: *and these last belong to No. XIV. in so far as depends upon the* LEGAL SANCTION.	14. Arrogance.
			15. Overbearingness.
			16. Insolence.
			And see No. V. Col. 4.

　それゆえ、何らかの行為に対して、何らかの動機が見いだされたとしても、「このように働いていた（in operation）動機の種類について、そういう動機の基盤にある快と苦の種類を参照することなしには、明確な概念は得られない。つまり、快と苦という概念、そして結果としてそれが得られるという期待（eventual expectation）こそが、動機の役割を果たしつつ機能していた（having been operating）と考えられるのである」[SA:98]。あらゆる行為に対する動機は、結局快と苦だけであると言っているように見える。けれども、快苦は単なる動機ではない。ある行為がある快苦の予測の下に起こされる。だが、その動機がその行為を推し進めるものであるか否かという判断は、結局、その行為の結果が快を導くものか、苦を導くものかによって、決定される。

　「すべての良い動機に関しても、その効果の善し悪しは、それぞれの場合に、それらが引き起こす効果がどのようなものであるか、結果の方向に全く依存してい

る。すなわち、快を導く（*pleasurable*）か苦を導く（*painful*）かである。これをめぐって、その動機は、効果的な要因になったり、抑制因になったりするのである」[SA:108]。

　ここにはある循環がある。快苦はある行為を引き起こす動機のように見える。だが、それが動機たり得るのは、結果として得られる快苦によってなのである。快を求め苦を避けようとする傾向性、つまり、情念によって支配されているとしてミルはベンサムの人間観を批判したわけだが、そうした情念が、ある行為を引き起こしていたとするには、その行為の結果、何らかの快苦が得られた後のことでしかない。いったい、情念（passion）と行為（action）は、どういう関係にあるのか。船木亨は、「情念と行為とは、対応して（correspondent）いないばかりでなく、区別できない。情念なしには行為はないし、行為なしには情念はない」[FO:131][45]というベンサムの叙述に依拠して、次のように述べている。「つまり、行動の全体が推進されているとき、そのことの経験を情念と呼ぶのである。」「情念という特定の心的状態は、快を求め苦を避けようとする傾向が、行動の挫折として経験されたり、行動の遂行として経験されたりしているというだけのことである」[46]。何らかの行為に何らかの情念が対応しているわけではない。まして、何らかの情念が何らかの行為を生むのでもない。何らかの行為がなされていることは、常にすでに情念が働いている（have been operating）ことを意味している。快苦が動機であると言うとすれば、その内実は、このような情念の働き（オペレーション）が、ある行動として現出していることを指しているのだ。

　ところで、この「情念のオペレーション」とはいかなるものなのか。「『オペレーション』という概念は、ベンタム思想において、重要な意義を有する」と述べる船木は、次のようにオペレーションを説明している。それは、「行為のひとつでありながら、行動を構成する諸行為の編成を変えるような傾向性を含めて理解される」ものであると[47]。つまり、オペレーションとは、何らかの行動を引き起こすものではなく、その行動を構成する諸要素の編成を変えることによって、行動のありようを変えるようなものである。

　重要なのは、ベンサムがオペレーションという語を今見たような人間の心的作用について述べる時に用いるだけでなく [EL:279][48]、前項で見たように、モニ

トリアル・システムに依拠したクレストメイシア学校の管理原理の働きについても用いていた点である。また、『序説』の序文においてベンサムは、この書の内容が『道徳と立法の原理序説』という書名に対して全く不十分であることを述べるくだりで次のように言う。

「本書は、道徳原理の序説としては、快苦・動機・性向などの用語で示される広い概念の分析に加えて、感情・情念・欲求・美徳・悪徳といった語に結びつけられる広くはないが明確な概念について同様の分析をすべきであった。……また一般的な立法原理の序説としては、特に刑法部門に適用される問題よりも、もっぱら民法部門に属する諸問題を含むべきであった」［IPML:3］。

そして、民法部門に属する諸問題について明らかにすることを「財産の形成と分配について、またその他の市民的権利について、政府によってなされる働き (operation) の基準を与える」命題を明らかにすることと言い換えている。さらにそれは、「精神病理学と呼ばれる公理 (certain axioms of what may be termed *mental pathology*)」と言い換えられ、「関係当事者の感情と、上で挙げたような性質の働き (operations of the nature) を呼び起こし、またそれによって生み出されるいくつかの出来事との結びつきを表現するもの」と言われる［IPML:3］。このことは、ベンサムの立法論・統治論が、人間の心的作用についての議論を包括するものであったことを示している[49]。

ここまで論じてきたとき、モニトリアル・システムに基づくクレストメイシア学校で採用された管理原理のそれぞれが、一つのオペレーションとして捉えられていたことの重要性が明らかになってくる。それは、個人の心的作用を統治作用へとつないでいく具体的なメカニズムを示していると言えるのではないだろうか。それぞれの原理は、学校を管理＝運営するために、生徒たちや学習内容や授業の時間・空間を編成するものとして働く。『クレストメイシア』がカリキュラムと学校管理原理によって構成されていたことは見てきた通りだが、カリキュラムも秩序の習慣形成へと収斂されていたことからもわかるように、ベンサムにとって学校における教育がどのようにあるべきかという問題は、学習内容や人やものをどう編成していくかという問題に他ならなかったのである。このあるべき編成を

維持することが、個々の原理の働き（operation）の内実である。見てきたように、そうした秩序だった教科の配列や時空間の構成そのものが、生徒の精神に「秩序の習慣」あるいは「秩序への構え」を与える。そして、「習慣（Habit）は多数の行為の結果である。行為への構え（disposition）は、習慣の結果である」[DE: 349][50] ならば、このような習慣形成に、行為として現出する情念のオペレーションが介在していることが見て取れる。学校管理原理のオペレーションが、その編成の下にある人間の行為における情念のオペレーションと連動することで、学校というシステムの秩序は保たれるのである。

　ミルの言うように、ベンサムは人間を情念に支配されたものとして捉えている。けれども、その情念は、通常考えられるように、理性によって抑圧されるべきものではなく、むしろ、その働きが人間をとりまく編成と連動することによって、外的な秩序を内面化し、さらには秩序だった行動を外化していくようなものとして、ベンサムには捉えられている。船木が引用している『道徳と立法の原理序説』の一文は、まさにこのことを示している。

　「情念は計算しないという命題に関しては、まさに一般的でもったいぶったほとんどの命題と同様に、真ではない。苦と快のような重要なことがらが関わるとき、そして、それらは最高に重要なことがらであるのだから（要するに、重要であり得る唯一のことがらなのだから）、それに関して一体誰が計算しないというのか。人間は計算する。あるひとはあまり正確でなく、実際別のひとはもっと正確に、しかしすべての人間は計算する。狂人でさえ計算しないなどということはない。情念は計算する（Passion calculates）。大なり小なりすべての人間において」[IPML:173-174]。

　情念こそが快苦計算の主役であるとすれば、諸個人が快苦計算によって社会全体の幸福に資することで社会の秩序が保たれると考えるベンサムの秩序観にとって、情念こそが秩序を支えるものなのである[51]。情念に支配された人間が同時にいわば秩序の拡大再生産装置となるということの意味は、以上のように理解されるべきであろう。このような装置として、モニトリアル・システムはクレストメイシア学校に組み込まれていたのである[52]。

(4) モニトリアル・システムの適用が意味するもの

　モニトリアル・システムとパノプティコンを管理原理として組み込んだクレストメイシア学校に対して、例えば、次のような評価が下されることがある。「クレストメイシア通学学校は、強力な校長が彼の手にゆだねられた生徒を絶え間なく監視する条件を提供するものである。賞罰の複雑なシステムと、すべてを見通すパノプティコンという構成物によって、教育的独裁制（pedagogical despotism）が保障されていたのである」[53]。このような見方は、モニトリアル・システムの性質を完全に見誤っている。生徒たちを統括しているのは、校長などではなく、システムの配置＝編成の仕方である。まさに、〈システムこそが教育する〉のであり、モニトリアル・システムも、そしてそれを組み込んだクレストメイシア学校も、このような構図のもとに捉えられるべきものである。

　だが、さらに重要なことは、〈システムこそが教育する〉とは言っても、そのシステムが単に機械的に作動するようなものではないということである。教授内容を単純化し、授業時間を細分化し、助教の命令に機械的に反応することで、学習が進んでいくように見えるモニトリアル・システムは、確かに機械的な教授システムである。だが、前項で論じたように、そうした機械的な教授システムは、システムの編成が、（助教も含んだ）生徒の側の情念の働き（＝オペレーション）と連動することで、はじめて稼働するのである。

　モニトリアル・システムの機械的教授が、実は生徒の側の情念をカウントした上で成り立つものであることは、これまでのモニトリアル・システム研究ですでに指摘されているところである。ただ、そのことの意味の捉え方は、本書とは全く異なる。例えば、上野耕三郎はモニトリアル・システムが「人間の生来のパッション」を肯定する「リアルな社会的人間像に立脚したものである」ことを認めながら、モニトリアル・システムを近代以前の学校形態でと位置づけているために、せっかく掬い出された「人間の生来のパッション」は宙づりにされたまま、モニトリアル・システムは機械的教授システムだという通説へ回帰してしまう[54]。

　また、斎藤新治は、機械的に見えるモニトリアル・システムの裏側に、いわば「情念による計算」を読みとり、それが「個人の目標達成」というモメントを含んではじめて成立し得るものであったことを指摘しているが[55]、その強調点は、あくまでもモニトリアル・システムをボランタリズムのもとに捉えることにある。

「システムにおいて、はじめて民衆は臆することなく自己の幸福追求をなしえると予感したのであろう。そうでなければこの期の国家関与抜きのボランタリーな民衆教育の下からの需要の高まりの理由を説明することができなくなるであろう」[56]。モニトリアル・システムは個人の幸福追求を保障しようとする。だが、個人の幸福追求の働きこそがシステム全体の秩序維持に連動してしまうことにこそモニトリアル・システムの特質があるのであり、だからこそ、それは近代の統治戦略に連接していくのである[57]。

モニトリアル・システムは情念のオペレーションに支えられてはじめて有効に機能する。ベンサムがモニトリアル・システムの本質的特徴として見いだしたのは、このような、情念のオペレーションと連動することによって機能するシステムの性質だったのである。

ここまで論じてきてやっと、ベンサムが何ゆえにクレストメイシア学校をこのような構図の下に組み立てようとしたのか、ということが明らかになってくる。第1章で論じたことだが、自由主義的な市民社会において、人々のふるまいを方向づけるような介入を立法者が行うことはできない。そのような社会において統治が貫徹するためには、自己統治する市民によってのみ社会が構成されていればいいが、むしろ大多数は統治しがたい人々である。だとすればどうすればいいか。ベンサムがモニトリアル・システムに見たのは、人々が快を追求し不快を避ける情念に導かれながら、その働きそのものがシステム全体の秩序維持に連接していくさまであった。ベンサムが目指したのは、そうしたシステムを完璧に作り上げることであったのではないだろうか。それさえ作ることができれば、個々の人々のふるまいに配慮することは必要ではなくなる。

クレストメイシア学校は、個々人の能力を最大限有用にしつつ全体の秩序維持を図るパノプティコンという仕掛けと、情念のオペレーションによってそのような仕掛けを駆動していくモニトリアル・システムを組み込んで管理＝運営される。そしてそれは、一つの学校の運営方法を論じたものではなく、そのようにして一つの社会が統治されていく姿がその先に見通されていたのである。

注

1)「クレストメイシア」とは、「有用な学習の助けとなる」という意味のギリシャ語からの合

成語である［CH:19］。なお、この学校構想は、第1部は1815年に印刷され個人的に配布されたが、1816年まで公刊はされず、1・2部を併せた一つの著作として出版されたのは、1817年である［CH, Editorial Introduction:xx-xxi］。

2）Crimmins, J. E., *Secular Utilitarianism: Social Science and the Critique of Religion in the Thought of Jeremy Bentham*, Clarendon Press, 1990, p. 166, Milne, A. T., *Catalogue of the Manuscripts of Jeremy Bentham in the Library of University College London*, 2nd ed., The Athlone Press, 1962.

3）J. ミルやヘンリー・ブルーム（Henry Brougham, 1778-1868）を中心とする急進派が、当時のグラマースクールの教育内容や教育方法をいかに批判していたかについては、Simon, *op.cit.*, pp. 94-102, 100-109頁。ベンサムも、イートン校やウィンチェスター、ウェストミンスター校では、鞭打ちを伴った辛い課業によってもラテン語・ギリシャ語の生かじりの知識しか得られないことを批判し、クレストメイシア学校では、鞭打ちもなく楽しみながら学べるという点で、それは教育の全構造を作り変えるものだと、建築のメタファーを用いて次のように述べている。「それは、もとの建物の基本構造の上にそれとは異なる階をつけ加えようとしたものではなく、一般の学校で行われている良くない方法（unimproved method）に対抗して全構造をつくるものである」［CH:35］。

4）このような事情については、Wallas, G., *The Life of Francis Place, 1771-1854*, George Allen & Unwin, 1925, pp. 98-99, Halévy, *op.cit.*, pp. 285-289.

5）Bentham, J., Rational of Judicial Evidence, (BookⅧ, Chap.XXIX), Bowring ed., *The Works of Jeremy Bentham*, Vol.Ⅶ, Russell & Russell, 1962, p. 334. ベンサムのこのフレーズは、J. S. ミルによって広く知られるようになり、ベンサムの平等論を象徴するものであるが、功利主義が個々人の全くの平等を目指す思想であるかどうかは、論争的な問題である。この言葉は、幸福の総量を最大化するような計算をする際に用いられる原理に過ぎないというH. L. A. ハートに対して、ベンサムの功利性原理は、明らかに全ての人に同じ量の幸福を与えることを意味していたとF. ローゼンは指摘している（Rosen, F., *Classical Utilitarianism from Hume to Mill*, Routledge, 2003, p. 229）。

6）西尾 前掲書［1981］285頁。

7）永井 前掲書［1982］117頁。

8）西尾孝司『ベンサム倫理学・教育学論集』御茶の水書房 2002, 177頁。

9）Schofield, Ph., Jeremy Bentham: Legislation of the World, in; Postema, G. H. ed., *Bentham: Moral, Political, Legal Philosophy*, Vol. II, Ashgate, 2002も参照。ベンサムのスペイン領アメリカとの関わりについては、永井 前掲書［1982］337-341頁。そこで永井は、ベンサムのスペイン領アメリカ諸植民地への影響は確定され得ないが、「この問題がかれの思想の応用問題であった」と論じている（341頁）。ディンウィディは、ベンサムの立法論がデュモン編の『民事および刑事立法論』を通して、イベリア半島や南アメリカ諸国において、自由主義的政府の下での憲法制定論議の中で広く読まれ議論されたことを指摘している（Dinwiddy, J. R., Bentham and the Early Nineteenth Century, *Bentham Newsletter*, No. 8, 1984）。法典編纂をめぐるベンサムの各国への働きかけについては、戒能通弘「世界の立法者ベンサム」『同志社法学』第51巻第3号 1999, 130-155頁。ただし、戒能は、LWに収められた「法典化と公教育に

ついて」の第 2 部「公教育について (On Public Instruction)」について、「法典化とは関係がない」(144 頁) として、本稿で論じるような法典編纂とクレストメイシアとの関係については全く着目していない。
10) ベンサムは、コモン・ローに代わるこのような完全な法典をパノミオン (ギリシャ語で「すべての法」を意味する) と名づけていた。
11) 明確な用語によって書かれ、包括的で十分に根拠づけられた成文法は、「道徳 (*morals*) についての学芸 (art and science) の教授書 (a book of *instruction*)」を構成するだろうとベンサムは述べている (Schofield, *op.cit.* [2002] pp. 495-496)。
12) Jeremy Bentham to Prince Adam Czartoriski of Poland, June, 1815 [LW:110].
13) 梅根悟『西洋教育史 3』1969, 248-252 頁, Anon, On Chrestomathia, *Westminster Review*, Vol. 1, 1824, pp. 57-63 参照。
14)「最も有用な領域は最も快いということがわかるだろう」[CH:32]。また、ベンサムは「功利の順序 (order of utility) と簡単さの順序が考え合わされることによって、教授の順序が決められるべきであるということは、十分明らかである」と述べている [CH:52-53]。
15) 堀尾 前掲書 24 頁。
16) 梅根悟『西洋教育思想史 3』誠文堂新光社 1969, 262 頁。
17) ベンサムの学校計画が複線型を志向していたとする見方に否定的な立場をとるものに、宮澤 前掲論文 [1961] がある。ここでは、ベンサムの貧民学校計画とクレストメイシア学校が、国家介入の有無、教育内容、教育方法といった三つの観点から検証され、次のように結論づけられている。「ベンサムの二つの・量的にしか違わない計画を、二つの階級の間に位置づけるよりも、当面の現実案と将来の理想案という二つの時間の間に位置づける方が、かれの意図には近かったのではなかろうか」(35 頁)。こうした見方は、ベンサムの学校計画が、1870 年代以降の一元的な公教育制度を生み出す思想的基盤になっていることを示す点で重要である。だが、この宮澤論文においても、パノプティコン原理にもとづく学校は、貧民学校計画であることが前提とされている (34 頁および 38 頁注(27))。
18)『クレストメイシア』の概要については、梅根 前掲書 [1969] 244-265 頁, 鈴木慎一「ベンサム『クレストマティア』論考」(『早稲田大学学術研究 人文・社会・自然』第 11 号 1962, 西尾 前掲書 [2002] など参照。
19) Seaborne, M., *The English School: Its Architecture and Organization, 1370-1830*, University of Toronto Press, 1971, p. 181
20) Evans, R., Bentham's Panopticon: An Incident in the Social History of Architecture, *Architectural Association Quarterly*, Vol. 3, No. 2, 1971, p. 32. エヴァンスは出典を示していないが、この同じ図が、大英図書館に保管されている F. プレースの手稿のうち、クレストメイシア学校について述べたものにはさみこまれている (BL Add, 2782)。
21) Wallas, *op.cit.*, pp. 104-105. クレストメイシア学校の設立提案書 (*Proposals for Establishing in the Metropolis, a Day School in which an Example may be Set of the Application of the Methods of Dr. Bell, Mr. Lancaster, and Others, to the Higher Branches of Education*, London, 1816) にも、その教場が 600 人ほどの生徒を収容できる八角形の建物で、モニトリアル・システムと中央監視の原理によって、一人の教師が効果的に監視できると述べられている。

22) イツーキンは、「最良の学習を作り上げようとするベンサムの諸原理にとって、もっとも基本的であったのは、『席次取り』原理であった」と述べ、それが他の諸原理を定義づける際に必要な構成要素として、もっとも頻繁に参照されていることを指摘している（Itzkin, *op.cit.*, p. 311）。
23) こうした経緯については、Evans, *op.cit.* [1971] p. 33, 永井 前掲書 [1982] 80-82頁，西尾 前掲書 [1981] 163-165頁など参照。
24) 永井 前掲書 [1982] 17頁。
25) 西尾 前掲書 [1981] 163頁。
26) 深貝保則は、18世紀末から19世紀初頭にかけてポーパリズムというテーマが「経済的言説のメイン・トピックの一つにせり上がっていく」ことを指摘し、そのような貧困問題の原因と解決策をめぐって四つのタイプの認識があったと述べている。マルサスのような救貧廃止論、ロマン主義、勤労を促して産業の効率を高めるベンサムなどの議論、貧困の原因を環境に求めるオウエンの立場の四つである。このうち功利主義の系譜は、「勤労の移植を介して富裕に誘い、プリミティヴながら社会的厚生の改善を図る」ものと特徴づけられている（深貝保則「怠惰な貧民、機会なき貧民、目覚めに誘われる貧民」『日英教育フォーラム』第5号 2001, 10頁）。
27) その意味でパノプティコンは、産業文明（industrial civilization）を維持する市民化（civilize）のための「魂の浄化の部屋（purgational chambers）」なのである（Evans, *op.cit.* [1971] p. 36）。
28) この「予備的矯正」という概念については、次のような宮澤康人の叙述に負っている。「ベンタムにおいて、学校教育とは、子供が市民権を獲得するのに不可欠の、いわば予備的な教育刑であった」（「近代の大衆学校はいかに成立したか」柴田義松ほか編『教育学を学ぶ［新版］』有斐閣 1987, 124頁）。また、19世紀イギリスにおいて、「矯正」と「教育」の発想が未分化なものとして捉えられていたことを示すものに、寺﨑弘昭「19世紀イギリスにおける少年分離監獄の成立—『矯正』思想とその子ども観—」（『教育学研究』第48巻第3号 1981）がある。
29) Burston,W. H., The Utilitarians and the Monitorial System of Teaching, Bereday, G. Z. F. & Lauwerys, J. A. eds., *The Year Book of Education*, Evans Brothers, 1957, pp. 400-401.
30) Miller, P. J., Factories, Monitorial Schools and Jeremy Bentham: The Origins of the 'Management Syndrome' in Popular Education, *Journal of Educational Administration and History*, Vol. 5, No. 2, 1973.
31) 「ベル—ランカスター論争」の詳細については、安川哲夫 「"Schools for All"の成立過程について（上）—『ベル—ランカスター論争』の分析を中心として—」（『金沢大学教育学部紀要（教育科学編）』第29号 1980) 参照。
32) Bartle, G. F., Benthamites and Lancasterians: The Relationship between the Followers of Bentham and the British and Foreign School Society during the Early Years of Popular Education, *Utilitas* Vol. 3, No. 2, 1991.
33) Taylor, B. W., Jeremy Bentham, the Church of England, and the Fraudulent Activities of the National Schools Society, *PAEDAGOGICA HISTORICA*, Vol. 18, No. 2, 1978, pp.

379-380.
34) この点については、Crimmins, J. E., *Secular Utilitarianism: Social Science and the Critique of Religion in the Thought of Jeremy Bentham*, Clarendon Press, 1990, pp. 168-177参照。
35) 永井義雄が指摘しているように、『議会改革の計画』とイギリス国教会論は、「表裏一体」の著作であり、前者がブリテンの国家構造（憲法）の世俗的性格を、後者が「精神的性格」を描いたものである（永井 前掲書 [2003] 246頁, [CE, Preface:x-xi]）。
36) Bartle, *op.cit.*, p.286.
37) 1814年12月20日 John Herbert Koe への手紙（*The Correspondence of Jeremy Bentham* Vol. 8, Conway, S. ed., The Collected Works of Jeremy Bentham, Oxford University Press., 1988. 以下 CO と略記する。
38) 1815年1月28日 Albert Gallatin への手紙。
39) Bartle, *op.cit.*, p. 283
40) この観点は、「学校は学校そのものを学ぶためにあること、つまり教師―生徒関係を学習させるための場所なのだ」として「スクーリングの自己目的的性格」を剔抉した関曠野にも示唆を受けている（関 前掲論文 185頁）。
41) Mill, J. S., Bentham, in; Ryan, A. ed., *Utilitarianism and Other Essays: J.S.Mill and Jeremy Bentham*, Penguin Books, 1987, p. 150, 松本啓訳『ベンサムとコウルリッジ』みすず書房 1990, 83頁。
42) *ibid.*, p. 152, 86-7頁。
43) Bentham, J., A Table of the Springs of Action, in; *Deontology together with A Table of the Springs of Action and the Article on Utilitarianism*, Goldworth, A. ed., The Collected Works of Jeremy Bentham, Clarendon Press, 1983. 以下 SA と略記する。但し、この表に関するベンサムの最初の草稿は、1804年11月に遡るという。
44) 先にも見たように、ベンサムはアメリカ大統領マディソンに『クレストメイシア』と『行為の動機の表』とをセットにして送ろうとしていた。
45) Bentham, A Frangment on Ontology, in; Božovič, M. ed., *The Panopticon Writings*, Verso, 1995. 以下 FO と略記する。但し船木は action を行動と訳している。
46) 船木 前掲書 39頁。
47) 同上 40頁。
48) ベンサムは『論理学』の補遺において、「精神のあらゆる働き（operation）、したがって身体のあらゆる働き（operation）は意志（will）、つまり意志的能力（volitional faculty）行使の結果」であると述べている（Bentham, J., Essay on Logic, Bowring ed., *The Works of Jeremy Bentham*, Vol. VIII, Russell & Russell, 1962. EL と略記する）。
49) ベンサムはまた次のようにも述べている。「政治と道徳の相違のすべては、一方が統治の作用（les opérations des gouvernemens）を指導し、他方が個人のふるまい（procédé）の指針となるということにある」[TL, tome1:30 (41)]。
50) Bentham, J., Deontology, in; *Deontology together with A Table of the Springs of Action and Article on Utilitarianism*, Goldworth A. ed., The Collected Works of Jeremy Bentham, Clarendon Press, 1983. 以下 DE と略記する。ベンサムのこの叙述は、児玉聡「ベンタムにおけ

る徳と幸福」『実践哲学研究』第22号 1999によって知ることができた。

51) おそらくこの考え方は、ベンサムに独自のものではない。マキャベリ以来、国家統治術改善の試みの中で、「ありのまま」の人間の姿を捉えることが重要になり、情念が統治にとって枢要なものになっていくことは、Hirschman, A. O., *The Passions and the Interests*, Princeton University Press, 1977, 佐々木毅・旦祐介訳『情念の政治経済学』法政大学出版局 1985で論じられている。また、ハーシュマンは、このような思想の行き着いた地点としてD.ヒュームの思想を位置づけているが、ヒュームの人間観について述べたドゥルーズの次のような叙述は、情念とシステムの連動という本稿で示したベンサムの人間観に通底していると考えられる。「〈自然〉と人間的自然とのそうした連関（rapport）、所与（donné）の起源に存する力と所与のうちで主体を構成する諸原理との連関、その連関をまさに一つの合致（accord）として考えねばなるまい」（Deleuze, G., *Empirisme et subjectivité: essai sur la nature humaine selon Hume*, P. U. F., 1953, p. 123, 木田元・財津理訳『ヒュームあるいは人間的自然―経験論と主体性―』朝日出版社 1980, 200頁）。

52) 本節では、快苦に基礎づけられた人間の行為のありようを組みかえるシステムをモニトリアル・システムに求めたという観点からベンサムの人間観を論じてきた。しかし、ベンサムの人間観を十分に理解するためには、高島和哉や船木亨がそうしているように、ベンサムの論理学関係の著作を検討する必要がある。『クレストメイシア』の補遺である「命名と分類」が論理学と密接な関係を持ちつつ書かれていることを考えれば、ベンサムの教育論＝人間形成論は、ここで論じたような、人間の情念のオペレーションと学校管理原理のオペレーションとの連動というメカニズムだけでは捉えきれない、人間存在そのものを問い直す哲学的意義があったと考えられるが、この点については、今回は論じることができなかった。石井幸三は、この補遺に着目して、「『クレストメイシア』は、後期ベンタムを支えた基本的哲学に関する彼の研究の基本的素材の一つとして位置づけられるべきであると考える」と述べている（石井幸三「後期ベンタムの哲学―『クレストメイシア』を素材にして―」『龍谷法学』第31巻第4号 1999, 90頁）。

53) Itzkin, *op.cit.*, p. 315.

54) 「そもそもモニトリアル・システムは、人間の生来のパッションを基本的に肯定することから出発している。人間が快楽を追いもとめ、不快を避けるという、一面ではきわめてリアルな社会的人間像に立脚したものである。生徒の望ましい行動に対しては即座の賞を、すなわち快を与える一方、望ましくない行動に対しては即座の罰を、すなわち不快を与える。教室の隅々にまでこの賞罰の体系を張りめぐらせ、この過程を繰り返し習慣化することによって、おのずと生徒は望ましい価値を身につけるようになるはずであった」上野耕三郎「〈個人〉産出の技術としてのモニトリアル・システム」小樽商科大学『人文研究』第88輯 1994, 28頁。

55) 「…助教生の発する無数の学習指示の号令や信号に対し児童は機械のように即座に反応している姿を現象面か［ら］とらえ、ここでも自発性を無視した機械的盲目的反応をみる人もあるが、それはそうではない。インプリシットに反応することが目標達成に、いかに連続していくかを数量的に推理し計算した上でエクスプリシットに反応しているのである。個人の意志を超絶する掟を拒絶して成り立つ新しい社会は、このような個人の目標達成に向かう冷静な理解と態度の育成を考えざるをえなかった」（斎藤新治「近代英国初等学校における

『3R's』教授システムの成立過程について」『教育学研究』第48巻第3号 1981, 201頁。
56) 斎藤新治「近代民衆学校における『クラス』制度の成立に関する一考察」『新潟大学教育学部紀要』第20巻 1978, 8頁。
57) モニトリアル・システムのドイツへの受容を検討している大﨑功雄は、学校を小国家と見なすP.ナトルプが、ベル－ランカスターシステムを高く評価し、学校のシステム化によって、学校の近代化を実現しようとしたことを指摘している（大﨑功雄『プロイセン・ドイツにおける近代学校装置の形成と教育方法の改革』平成10-13年度科学研究費研究成果報告書 2002, 50-52頁）。ナトルプはモニトリアル・システムの規律＝訓練的側面と同時に、それが生徒の自由や自治へ向けた習慣形成をなしえるものと見なしているように思われる（同上 51頁）。

第4章　ベンサム教育論が目指した社会像

　これまで論じてきたように、ベンサムの教育論は、個人の自由を確保しつつ全体の秩序が保たれるにはどうすれば良いかというシステムづくりに向けられていた。間接的立法という法のあり方、私的経営体による施設経営、クレストメイシア学校の管理原理、それらはみな、個々人が自らの利益を自由に追求することを認めつつ、なおかつそれが全体の秩序維持に連接していく仕組みを示していた。見てきたように、ベンサムにとって教育は、社会統治の基底に位置づけられるものであるので、このような教育の仕組みは、同時に社会の統治の仕組みでもあった。

　ただし、ベンサムの教育論には個人の自由の確保とは相入れないような側面もある。序章でみたように、功利主義教育論は生得的決定論を否定し、教育による人間の完成可能性を信奉していた。ベンサムにおいても、例えば囚人の矯正可能性や勤労院における「直接的で恒常的な形成力（plastic power）」が論じられる。だが、このような議論において、ベンサムは常にそうした働きかけによっても統治しがたい人々がいることを前提として、システムづくりを行っていた。そこにはやはり、序章で論じたような、階級分裂に対応した社会統制的側面が顔をのぞかせるかに見える。しかし他方でベンサムは、勤労院において「生来の」徒弟に期待をかけたように、適切な環境を用意すれば、階級に関わりなく有用な存在へと教育できると考えていたように思われる。ベンサムの教育論は、未だ市民ならざる子どもを市民へと予備的に矯正していくものであるとすれば、下層階級の子どものみを秩序化の対象とすることにはならないはずである。理論的にはそうであっても、万人の啓蒙を目指すかに見える功利主義教育論が、現実の民衆教育の場面では階級統制の理論へ転化するということが繰り返し指摘されてきた。

　本章では、功利主義者たちが民衆教育をどのように考えていたかについて、19世紀はじめのいわゆるベル－ランカスター論争におけるJ.ミルとベンサムの言説を検討し、彼らが民衆教育の先にどのような社会像を描いていたのか、先行研究における指摘とは反対に、全く平等な社会を見ていたのか、といった点を最後に考えてみたい。

第1節　J. ミルの教育論

(1)　"Schools for All" における国民教育論

　ベル-ランカスター論争とは、1805年国王ジョージⅢ世にクェーカー教徒であるランカスターが謁見し、国王がランカスターのモニトリアル・システムに保護を与えたことを契機とする。これに伴ってランカスター協会は、1808には「王立ランカスター協会（Royal Lancasterian Society）」と名称を変更し[1]、ランカスターのシステムが急速に普及し始める。それに対して、国教会派は、民衆教育の掌握に関して国教会の独占的支配が崩れることに危機感を覚え、すでに隠居していたベルを呼び寄せて保護を与えて、国教会派のモニトリアル・システムの普及を図ろうとした[2]。このような対抗関係の中で、ベンサムやミルらの哲学的急進主義者はランカスター支持を表明し、この論争に関わるようになる。中でも、J. ミルが1812年に *Philanthropist* 誌に載せた「すべての者のための学校（Schools for All）」論は、この論争において、功利主義者が何を目指していたかを明らかにしてくれる。

　ミルは *Philanthropist* 誌に載せたものを同年再版している。そのフルタイトルは、『すべての者のための学校、教会人（Churchmen）のためだけの学校ではなく──普遍的教育を目指すランカスター・システムを信奉する者と、ベル博士の名前の下に排他的で偏ったシステムを設立しようとする人々との間の論争の状況』である。

　「われわれの目的は、あらゆる階級を国家的善（national good）という壮大なプロジェクトに統合することである」[2][3]と述べるミルは、ランカスターのシステムが読み書きを教える際にあらゆる宗派に対して、どれかを優先するのではなく、厳密な平等を志向していることを評価する。この時期にはすでに宗教的不可知論の立場にたっていた[4]ミルのランカスター支持は、決して非国教派を擁護するものではないのである。ミルはこの立場に立って、次のように国教会派の主張を論駁する。国教会派の主張は、国教会と国制とを結びつけ、「宗教を国家の駆動力（an engine of state）」にし、「宗教的駆動力は統治の支持にとって良きものである」ことを主張するものである[16]。この議論のもとには、「国教会は、イギリスの国制（British constitution）を支えるのに是非とも必要なものであり、

イギリスの国制は、それがあらゆる統治形態の中で最良の、それゆえもっとも確固たるものであるが、しかし国教会の支持なくしては成り立ち得ない」という考えがあるとミルは述べる [16]。それに対してミルは、宗教を国家の駆動力にすることは、政治に対して宗教を二次的なものにすることであり、それは宗教への冒涜であって必ずその腐敗へと至ることになる、と批判する[5]。また、統治の側からも「統治が功利の原理にもとづいているかぎり、それは自らを支えることができる」とし、外的な支持物を統治に求めさせることは、「現実的で内的な支持物」を無視させることになるとしている [17-18]。「現実的で内的な支持物」には二つあり、一つは「良く統治すること（Governing well）」、そしてもう一つは「人々が良く統治されていることを理解するように、教育すること（Instructing the people）」である [18]。宗教と統治とをそれぞれ功利という第一原理にもとづかせることで、不正と堕落とを生む教会と国家との結びつきを解体しようとすることが、ミルの目指すところであった。

ミルが論敵としているのは、当時ケンブリッジ大学の神学教授であったハーバート・マーシュ（Herbert Marsh）博士である。マーシュが1811年6月13日に行った説教を要約しつつ、ミルはそれに反駁していく。ミルによれば、マーシュの議論は次のようなものである。

「法律によって確立された宗教は、常に国教（national religion）と見なされるべきである。しかし、あらゆる国において国民教育（*national* education）は、国教の原理に則って指導されるべきである。というのもこの規則を破ることは、不合理であるばかりでなく、自己破壊の原理となる。…したがって、この国においては、典礼を廃棄し、国教会の礼拝に子どもたちが出席しないような場合、その教育は国民の（*national*）という呼称を与えられることはあり得ない」[34]。

これに対してミルは反駁する。

「聖職者が提案している教育は、国民のとは言い難いものである。それは明らかに国民の特定の部分に限定されたものであり、その条件そのものから言って、国民の大部分を排除するものである。したがって、国民のという用語は、言語の乱暴

な誤用なしには適用され得ない。反対にランカスターの計画は、全く目的意識的に国民を包摂するように考えられている。それゆえ、もしそれが適切に支持されるなら、言葉の真のそしてもっとも幸福な意味での国民教育が実現する」[37]。

ここからわかるように、論争は国民教育の内実をめぐるものであった。国教会派の危機意識は、フランス革命の影響がイギリスにも及び階級分裂を引き起こして国家体制が崩れる恐怖を背景としていたが、この危機感はミルにも共有されている。ミルの議論は、社会の分裂を防ぐという問題意識に貫かれている。ミルは、宗教的相違によって生み出される社会の分裂を危険視し、「宗教の分離から生じる非社会的感情（dissocial feelings）を和らげる（mitigate and temper）ことは何でもするというのが、賢明な政治システムの仕事である」[49] と述べる。そして、「宗教的多様性から生じる不一致の感情を緩和し、宗教的に違う諸階級を相互の共感と慈愛心へと訓練するあらゆる方法のうちで、もっとも効果的なものは、若者の教育を正しく整序すること（the right ordering of the education of the young）である」[50] と言う。正しい整序とは、幼い時期から排他的な感情を植えつけないために、さまざまな宗教的信条を持つ諸階級を一緒に教育することを意味する。

見てきたように、国教会派も哲学的急進派もともに、フランス革命あるいは産業革命を背景として諸階級の利害対立が重要な課題となる時代状況の中で、社会的調和を図るための国民教育の根拠を求める議論を展開する。国教会派はそれを国教会という体制派宗教に求めるが、ミルは宗教にではなく国民全体を包摂しうる教育制度に求めていったのである[6]。

ミルは、この論争およびクレストメイシア学校設立運動に深く関わることを通して、教育に関する洞察を深めていった。それは彼が連合主義心理学を信奉していくことにもつながっていく。ミルの教育への関心をさらに深めたのは、1814年『大英百科事典（Encyclopedia Britanica）』の補巻に「教育」の項を執筆するようにという依頼によってである。1819年に公刊されたこの事典項目は、連合主義心理学に基づいてベンサムの功利主義思想を理論的に補強しようとするものであったと言われている[7]。しかし序章でも述べたように、ここにおいてミルが「労働を免れている人にとっておかれるべき知の程度がある」と述べていることから、

そしてミルのこの『教育論』こそ、「急進的な功利主義の教育哲学のもっとも明確な表現であった」[8]と言われることから、見てきたような国民教育論にもかかわらず、功利主義教育論は民衆統制の理論へと転化すると位置づけられる。ミルが熱心に設立しようとしたクレストメイシア学校が中・上流階級を対象としていることをどう考えるかということも念頭に置きながら、ミルの『教育論』を見ておきたい。

(2) J.ミル『教育論』
「教育の目的は個人をできる限り、まずは自分自身の、そして次に他の人々の幸福の道具とすることである」［41（15）][9]。

自他の幸福を目指すことが教育の目的であるとする有名なこの文からミルの『教育論』は始まっている。ベンサムの言う功利の原理の実現を目指したものであるが、その実現方法には、連合主義心理学に依拠したミルの独自な視点が見られる。

「幸福、これが教育の目的であるが、それは個人の諸行為に依拠しており、また人間のすべての行為は彼の感情や思考（fellings or thoughts）によって生み出されるので、教育の仕事は、他のものではなくある特定の感情や思考を確実に生じさせることである。それゆえ、教育のなすべきことは心理的継起（mental successions）に働きかけることである」［52（37）］。

ミルは、幸福について、それを構成するあらゆる要素を単純な感覚にまで追跡する考えと、人間の幸福にはそのような身体的レベルを超えるものがあるとする考えの二つがあることを指摘している［66（48）］。前者がロックからハートリーに至る連合主義心理学の立場であり、後者はリードやデュガルド・スチュアートらのコモン・センス哲学を指している。ミルは、後者からも影響を受けながら、前者の立場に依拠して、「教育の目的は一定の継起を常に生み出すようにすること」だと述べ、このような継起を生み出す力を持つのが「習慣（Custom）と快苦（Pain and Pleasure）」だとしている［58（37）］。社会全体の幸福を増す行為

については快の連鎖を、反対に幸福を減じる行為については苦の連鎖を与えることによって、子どもの行為を方向づけていくことがミルの教育論の骨子であった。

ミルは、教育の過程において、そうした精神（mind）に影響を及ぼす物理的＝身体的（physical）環境と道徳的（moral）環境があると述べている。前者には、健康や体質、食物や労働といったものが含まれ、後者にはよく知られた、家庭教育・専門的教育・社会教育・政治教育の四つが含まれる。それゆえ精神において適切な継起を生み出すようこれらの環境の整序をする必要があり、『教育論』の後半はこの叙述に充てられる。

「熟練した教育の果たすべきこととは、子どもを取り巻く環境を整序して、子どもに与えられる印象をこの幸福という結果にもっとも役立つようにすることである」［99（88）］。

環境の整序によって、全体の幸福に役立つ適切な精神の継起を植えつけていこうとするミルの教育論は、立法や行政、施設経営といったシステムの整序によって人々の方向づけを図ったベンサムの教育論に対して、そうした方向づけが人々の心理においてどのようなメカニズムでなされるかということを説明するものと見ることができる。

ところで、『教育論』と同じく『大英百科事典』補巻の項目として書かれた『統治論』末尾においてミルは、「民衆のうちのあるものが中産階級（middle rank）の智慧から離れてしまうなどということは、良き統治の基礎ということからして全く愚かしいことである。大多数の民衆（the great majority of the people）は中産階級の指導の下にあることをやめない、ということで十分である」と述べる[10]。「すべての者のための学校」を求めたミルは、無秩序な下層階級という現実を前にして、彼らをその身分にとどめておく民衆統制論へ転化したということなのだろうか。確かにミルは、『教育論』において「労働から免れている人にとっておかれるべき知の程度がある」［106-107（97）］と述べている。そして、中産階級の規模の拡大が自由の保障となるという考えに基づいて、中産階級に絶大なる期待を寄せていた[11]。だが、他方でミルは、「労働から免れている」状態を、労働に従事する以前の子どもに見ている。「特に生まれてからはじ

めのいく年かは重要なこの目的［知識の獲得や知識の利用］のために十分活用できる。労働の生産力のためにも、成熟前の一定の年齢までは身体は労働に使われないことが望ましい」［107（97）］とミルは述べ、その年齢を15, 16歳としている。すなわち、ミルは、少なくとも子どもの教育に関しては、あらゆる階級が知を獲得することを目指しており、しかもそのためにこそクレストメイシア学校が設立されようとしていたと述べる。クレストメイシア学校が7～14歳の子どもを対象にした学校であったことは第3章で見たとおりである。クレストメイシア学校は、「いかなる知識も与えられないままにおかれることはなく、赤貧洗うかのごとき生活ではなく、誰もが望ましいと考えている程度の生活をしている者ならば、どんな階級の者でも払えるくらいの費用で行われる」とミルは見ている［108（98）］。

　ベンサムも、中・上流階級を対象とするというその副題とは裏腹に、「この計画が視野に入れているのは、中産階級、またはある程度それ以下の階級」であると述べ［CH:48］、年間6ポンドという授業料の水準も当時の私立学校からすれば破格に安かった[12]。もちろんこれのみで、哲学的急進派が階級関係を無化し、あらゆる階級を平等化する社会を目指していたということはできない。だが少なくともクレストメイシア学校は、民衆教育とまったく分断されたエリート校というわけではなく、ある程度下の階級をも対象として、科学的な知によって市民社会の担い手を育てる計画であったということだけは言えそうである。

　ベンサムは、その先にどういう社会を見ていたのだろうか。簡単にわかるものではないが、ベンサムの国民協会批判を通してその手がかりを得たい。

第2節　ベンサムの国民協会批判

(1) 『イギリス国教会』における国民協会批判

　前節で見たミルの「すべての者のための学校」論と同様に、ベンサムもベル－ランカスター論争に関わっている。これについて書いたのが、第3章第3節でも触れた『イギリス国教会およびその教理問答の検討』［CE］である。この著作は、1814年から1816年に書かれ[13]、1817年に印刷、翌年公刊されている。『クレストメイシア』が公刊されたのも1816年から1817年にかけてであり、その最初の草稿

が1813年のものであったことは、先にも述べた。国教会派がベルのモニトリアル・システムを普及させるために1811年に設立した国民協会（National Society for Promoting the Education of the Poor in the Principles of the Established Church throughout England and Wales）を批判するこの書が、『クレストメイシア』と並行して書かれたことは明白である[14]。クリミンズは、「ベンサムの体系的教育（systematic education）についての考えは'すべての者のための学校'論争に先立つものではなく、むしろこの問題についての彼の関心の結果として展開した」と指摘している[15]。つまり、『クレストメイシア』自体が、ベル－ランカスター論争に関わる中から生まれてきたものだというのである。

しかし、『イギリス国教会』において国民協会を批判するベンサムが、『クレストメイシア』では、なぜベルのシステムに全面的に依拠するのであろうか。本節では、『イギリス国教会』における国民協会批判の論点を明らかにし、その批判を通してベンサムが何を目指したかを明らかにする。先にも見たように、ベンサムは『イギリス国教会』を『議会改革の計画（*Plan of Parliamentary Reform*）』と「表裏一体」の著作であり、『議会改革の計画』がイギリスの国制（constitution）の「世俗的（temporal）性格」を描くのに対し、『イギリス国教会』は「精神的（spiritual）性格」を描くと、出版にあたっての「前書き」で述べている［CE, Preface on Publication:x-xi］[16]。このことをふまえるならば、またこれまで論じてきたように、ベンサムが教育を社会統治の基底に置いていたことを考えるならば、『イギリス国教会』の検討は、教育について論じることを通してベンサムがその先に見ていた社会像を明らかにすることにつながる。

ベンサムの国民協会批判は、ミルのそれと同様に、それが「排除システム（exclusionary system）」であることに向けられる。

> 「排除、そして強制的にかあるいは誘導してか改宗させること――貧民の社会（community of the poor）の一部分を教育の恩恵から排除すること――残りの部分を教会支配（church dominion）の枠組みに強制的に囲い込むこと――この密接に関連した、しかし完全に区別された、そして対照的でさえある二つのことが目的である。これを目指してこの儀礼書［カテキズムを指していると思われる］が主要な道具とされるのである」［CE, Introduction:52］。

国教会が非国教徒を国民協会傘下の学校から排除しているということがまず指弾されるのであるが、それとともに、ミルにおいては強調されなかった、国教徒が教会支配の枠組みに囲い込まれていることを同時に問題にする。ミルにおいては、国教会主義よりもランカスターの聖書主義の方が国民全部を包摂するため、言葉の真の意味での国民教育が実現するということに主眼があったが、ベンサムの場合、むしろ国民協会傘下の学校でカテキズムが用いられていることに批判の重点がある。

　聖書の代わりにカテキズムが用いられることについては、次の二つの点で批判される。一つめは、聖書の代わりというのなら「それはイエスの宗教を写し取ったもの（picture）、つまり縮図（miniature picture）でなければならない」［CE, Introduction:20］が、そこには聖書への言及（reference）はあっても、聖書からの引用（quotation）がないために、それが聖書に「忠実なものであるという保証（securities of faithfulness）」がないという点に対してである［CE, Introduction:33］。国教会にとって都合のいいように書くことができるので、カテキズムの「言葉は、最初から最後まで彼ら［国教会の支配者（rulers）］自身の言葉であって、原典からは一つも引用されない」［CE, Introduction:37］。ここには、複雑な条文を利用して裁判費用を稼ぐ司法関係者を批判し、法律用語から曖昧な定義をなくそうとするベンサムの立法改革論の主調が貫かれているように思われる[17]。

　二つめは、このカテキズム教育（Catechetical Instruction）という「新しく作られたかたまりが、やわらかく傷つきやすい子どもの口に押し込まれること」に対してである［CE, Introduction:39］。完璧にまた決定的な形で説明されるカテキズムを与えられた子どもは、その内容について疑いを持ったとしても、そのような疑いを持つのは「自分の能力がもっとも劣った者よりもさらに劣っている」からだという確信をもたされてしまい、カテキズムを理解できないということにならないよう、その疑いをもみ消す。このようにして、「悟性と意志を平伏させる（prostration of understanding and will）というロンドン主教が果たすべき、偉大なそして公言された目的が達成されるのである」［CE, Introduction:40］。ベンサムの国民協会批判は、悟性と意志の平伏という、人間の主体性や自由を侵害する国民協会系学校の教育のあり方に焦点が当てられているのである[18]。

　このことは、本文のカテキズム批判において、はっきりと示されている。ベン

サム自身が、自らのカテキズム批判の要点をまとめて示している〈表4〉を見ても、それは明らかであろう。

〈表4〉 CE 本文 pp. 82-85

［1］間違った文法。

［2］間違った論理。
　(1) 単純に有用性のないことがらを教え込む（Inculcation）。
　(2) 明らかに余分なことを教え込む。
　(3) 明らかに理解できないことを教え込む。
　(4) 互いに矛盾する命題を教え込む。
　(5) まちがっているか、よくても有用でない教授を教え込む。
　(6) 必要がなく、根拠のない主張や、根拠のない推論をする技術や習慣が例示され、結果として教え込まれる。
　(7) 39箇条に反することがらを教え込む。
　(8) 教皇を悪く見せることがらを教え込む。

［3］様々な形で人間の知的な部分を奪うような働き（to operate）をする傾向があることがら。
　(1) 代償的義務の原則が教え込まれるようなことがら。
　(2) 小さな子ども達自身が早まった約束を宣言するよう強制されるようなことがら。
　(3) 子どもが、曖昧な解釈をする技術や習慣に導かれるようなことがら。
　(4) 子どもの知的な部分が、根拠も有用性もない恐怖によって衰弱させられ、奪われるようにし向けることがら。

［4］様々な形で人間の道徳的な部分を奪うような働きをする傾向があることがら。
　(1) 偽善がはっきりとわからないようなことがらの編み合わせ。
　(2) 嘘をつくことが義務として教えられるようなことがら。
　(3) 詐欺が推進されるようなことがら。
　(4) 捏造を知りながら使用されるように見受けられることがら。
　(5) 罪やあらゆる形の悪が奨励されるようなことがら。

［5］人間の感覚的な部分をはっきりとした方法で傷つけるように働く傾向があることがら。
　　　根拠も有用性もない恐怖が、上記のように吹き込まれることがら。

テイラーも指摘していたように、ベンサムの批判の矛先は国民協会を支配している主教たちに対して向けられているのであって、決してベルに対して向けられ

てはいなかった。聖書主義を取るランカスター・システムの普及に危機感を抱いた国教会によってベルは担ぎ出されただけだとベンサムは指摘する。

> 「聖書はランカスターによって教えられていた。国教会のカテキズムは教えられない。ランカスターのシステムが普及して普遍的になったら、聖書がカテキズムより優勢になってしまう。そうなると国教会は終焉を迎えてしまうかもしれない。そこでベル博士が持ち出された。しかも手にカテキズムを持たされて、聖書に対して教会を守るために雇われたのである」[CE, Introduction:55]。

ベルのシステムを自らの利益のために利用しようとした国教会が悪いのであって、ベルのシステムそのものには何も問題はないかのようである。『クレストメイシア』の構想を立てるにあたって、ベンサムが、ベルのシステムを教育内容・教育目的と切り離しさえすれば全面的に依拠できるとしたのは、こうした考えにもとづいていたからであろう[19]。

救い出されるのはベルだけではない。ベンサムは、「排除システムに賛成するということが一般的ではないという根拠」として、直接的な証拠と状況証拠とがあるとし、直接的な証拠として Th. バーナード（Sir Thomas Bernard, 1750-1818）の著述によって与えられるとしている [CE, Introduction:70]。ベンサムも述べていることだが、バーナードは熱心な国教徒である。彼は、当代きっての博愛主義者 W. ウィルバーフォース（William Wilberforce, 1759-1833）、ダーラム主教バリントン（Shute Barrington, 1734-1826）らとともに、1796年「貧民の生活状態を改善し、その安楽を増進するための協会（Society for Bettering the Condition and Increasing the Comforts of the Poor）」（以下「生活改善協会」と略記する）を設立した人物である。この協会は、その「設立趣意書」にも示されているように、貧民の性格や習慣を改良し、彼らに生活手段を与えることによって、救貧法による救済を不必要にすることを目的としていた[20]。そのために協会は、多くの地域における慈善的な試みや最新の科学的慈善のテクニックを紹介する報告書を発行し[21]、そうした試みを広く知らしめるフォーラムのような役割を果たす、いわば地方ごとの慈善活動の統括組織（umbrella organization）であった[22]。この報告書の中から教育関連のものだけを集めた『貧民の教育（*Of the Education of the*

Poor)』[23]が1809年に出版される。ここではベルのモニトリアル・システムが推奨され、さらに協会は、1810年ベルのシステムにもとづいてダーラム近郊の町ビショップ・オークランド（Bishop Auckland）に開校されたバリントン・スクールを全面的に支援する[24]。

ベンサムが「排除システムに賛成するということが一般的ではない」という「直接的な証拠」として挙げているのが、この『貧民の教育』におけるバーナードの手による「序文」である。ここからベンサムは２カ所の引用をする。ベンサムが引用しているのは例えば次のようなバーナードの叙述である。

「私が国民教育制度（a national system of education）を我々の国教会（religious establishment）と親和的に（in *amity* with）結びつけて論じるとき、そして私は国民教育制度が国教会から援助を受け、その指導の下にあるということを望んでいるが、それは国民教育制度が国教会の権力に従属するとか、その教義への転向の道具となるとかということを意味しているのではない。宗教的一体化においてのみ貧民に教育を分配することは、私見では一種の迫害であり、同じような条件で［宗教的一体化においてのみ］空腹の者や助けを必要とする者にパンを与えるというのと大して変わらない。それは、原理として不正であるだけでなく、真の政策としても欠陥がある」[25]〔CE, Introduction:72〕。

ベンサムは引用の後、次のように述べている。

「このようなことが表現されている意見であり、特徴である。そして誰によってか？　単に個人によってだけではなく、多数からなる協会の機関という性格の下にそれらを書き、出版している個人によってである。その協会とは生活改善協会であり、そのメンバーは、全てではなくてもほとんどの人が、このもっとも重要な目的を目指した彼らの慈悲深い熱意の証によって区別されないのは、かれらが国教会の教義や規律に対する愛着において区別されないのとほとんど同じである」〔CE, Introduction:72〕。

つまり、国教会派の人であっても、多くの人がバーナードと同じように排除シ

ステムには反対しているのであって、むしろ排除システムを推進しようとするのは少数の支配者に過ぎないとベンサムは言いたいのである。

　それは、もう一つの「状況証拠」において明確に述べられる。ベンサムは国民協会の報告書を詳しく検討し、そこに排除システムが貫かれていることを見ているが、その際報告書の形式が整っていないことを問題にする。公的な団体の報告書には真正さ（authenticity）の証明として、メンバー、出席者、書記の氏名、会議の時間や場所が記されるべきであるが、国民協会の報告書ではこうした点に不備があることから、ベンサムは、報告書に書かれていることは、会議の総意ではなく、それを管理する権利を持った人の意見を表しているに過ぎないと述べる。

　「あらゆるレベルの書類に示されていること全て、そして特に排除システムを打ち立てるような事柄すべては、他の人への時々の相談があったにせよなかったにせよ、ある一人の人物のなしたことであった。一人の主要な人、またはその命令の下に行動した書記のなしたことである」[CE, Introduction:82]。

　つまり、報告書に書かれていることは、国民協会の関係者がみなそう考えているということを示しているのでは全くなく、「前書き」においてベンサムが名指ししているように、協会の長であるカンタベリー大主教と、書記のT. T. ワムズリー（Walmsley）師の個人的な見解だというのである［CE, preface:xxxviii]。

　見てきたように、ベンサムの国民協会批判は、ベルのモニトリアル・システムに向けられたものでないばかりか、国教会派に対する批判でもない。むしろ国民協会が取る排除システムは、邪悪な利益を求める一部の支配者がもくろんでいるだけであり、多くの国教会派の人々の貧民教育に対する見解は、ベンサムの立場と変わらないということを示すことに重点が置かれていた。ベンサムがここで繰り返し問題にするのは、カテキズムが原典に忠実である証がないこと、また国民協会の報告書が実態を反映しているという真正さの証がないことである。貧民教育のあり方をめぐる議論において、このような忠実さや真正さの証を求め、「悟性と意志の平伏」を批判するベンサムはその先にどのような社会を見ていたのだろうか。最後にこの点について考えたい。

第4章　ベンサム教育論が目指した社会像

(2) ベンサムが構想する社会

　ミルの「すべての者のための学校」論がそうであったように、また全国慈善会社やクレストメイシア学校の構想が目指していたように、ベンサムの教育論は国民教育システムを目指したものであった。しかも論じてきたように、ベンサムは教育を社会の統治の根幹に位置づけていたのであるから、このような国民教育システム構想は、教育を通した社会づくりの構想であったと言わなければならない。

　国民教育システムをつくるという観点からは、当然国民協会の排除システムは批判されなければならないが、前項で見たように、ベンサムが求めるのは、そこで教えられる内容やシステムを統括する組織について、検証可能な公開性・透明性を備えているということである。施設経営において、外部からのチェックを可能にする公開性が重要であることを繰り返し主張したベンサムの視点が、ここにも貫かれている。国民協会のカテキズムはそのような形にはなっていないし、また、そのカテキズムが子どもに「悟性と意志の平伏」を強制するものであるので、子どもたちは疑いを持ち検証しようとする力をはじめから奪われてしまう。ここにベンサムの国民協会批判の主眼点があるとすれば、ベンサムが求めた社会とは、一部の支配者が流布させる見解や、そうした支配者によって動かされている統治のあり方について、国民がその真偽を検証し、もし疑問を抱いたならそれを表明し得るような社会であるはずである。ベンサムの最晩年は『憲法典』の執筆に捧げられ、そこでは、政治的腐敗に対する人々の公的な投票権とは別の、非公式のチェック機能として「世論法廷（Public Opinion Tribunal）」が論じられ、さらに、社会の多くの成員が政治に参加することで、その知的・道徳的性格を向上させることが論じられる[26]。このような社会像を打ち出す『憲法典』へと歩みを進めるベンサムにとって、そうした世論を構成し得る市民をいかに多く作るかということが課題であったはずである。ベンサムが『クレストメイシア』と並行して貧民教育について『イギリス国教会』を書いたのは、そうした問題意識からだったのではないだろうか。

　先に見たように、クレストメイシア学校は民衆教育と全く分断されたエリート校というわけではない。そこに民衆教育と同じモニトリアル・システムが組み込まれていることは見てきた通りである。だとすれば、ベンサムは教育を通して、全く平等な個人からなる社会を構想していたのであろうか。この問いに答えるた

めには『憲法典』の検討が必要になるが、ここではこれまで論じてきた範囲内で考えておきたい。第2章で見たような救貧政策あるいは本章で検討した排除システム批判などを見てわかるように、ベンサムは下層階級の者を今ある悲惨な生活状況のままに留め置くことをよしとはしなかった[27]。その人たちの不幸をそのままにしておくことは、功利の原理からしても幸福の総量を減らすことになるからである。ベンサムはそれゆえ、そうした人々の生活状況改善のために救貧システムを構想し、教育の対象として位置づける。そこには一定の富の再配分が伴うだろう。だが、現在の階級関係（status quo）を破壊し、全く平等な社会を実現しようとしていたわけではない[28]。過度に富が再配分されることは、富裕な者たちの「期待の安全」を侵害し、また個々人の自由な利益追求を損なうことになるからである。

「全ての財産が平等に分配されるとすれば、確かで直ちに起こる結果は、もはや分けるべきものはないということである。直ちにすべてが崩壊するであろう。有利と信じられた者が、その犠牲にされた者と同様、分配に苦しむであろう。勤勉な者の分け前が怠け者のそれより良くなければ、勤労への動機がなくなるだろう」
[TL, tome1:173（296）]。

序章で見たように、ベンサムは、社会の幸福を実現する副次的目的たる生存、豊富、平等、安全のうち、安全をもっとも重視する。『民事および刑事立法論』でベンサムは次のように述べている。

「安全の原理に与えなければならない、まったく広範な純粋の観念を作り上げるためには、人間は動物のように苦しむのも、楽しむのも現在に限られることなく、期待を通して苦痛と快楽を受けることができ、そして、現在の損失を避けるだけでは十分でなく、将来の損失に対してもその保有を可能な限り保障しなければならないことを考察しなければならない。その安全の観念を、その想像力で計ることのできる視野にまでおし拡げなければならない。
　人間の運命にいちじるしい影響を持つ、この予感は、期待と呼ばれる。将来を待つことである。私たちが行動の一般的計画を作る能力を持つのは、期待による。

生命の持続を構成する継続する瞬間が、孤立した、独立の点ではなく、全体の連続する部分となるのは、期待による。期待は、私たちの存在を未来の存在につなぐ鎖であり、私たちを越えて、私たちを継ぐ世代にまで届く鎖である。人間の感受性は、この鎖のすべての環に及んでいる。

　安全の原理は、この期待のすべての維持を含んでいる。この原理は、出来事が法律に依存する限り、法律が作りだした期待に適応するよう、命令する。」〔TL, tome1: 194-195（309）〕[29]。

　しかし他方で、子どもの教育という領域においては、平等な社会が将来的に実現し得る方向が開かれると見ていたのではないかと思われる。全国慈善会社の勤労院において「生来の徒弟」に依拠してその後の社会を構想していたことを見たが、それは、「生来の徒弟」はそもそも勤労院以外の世界を知らないので、期待値が低く、それゆえ「期待の安全」への侵害が起こりにくいからである[30]。クレストメイシア学校で、「気を散らさないために」教室の外の事物が生徒の席から見えないように工夫されたのも、同じ理由からではないだろうか。ベンサムは、「期待の安全」を侵害しないよう個人の自律性を尊重した。今ある社会を前提にすればそうなる。だが、ベンサムは「期待の安全」の侵害を防止するために期待値を低いままにしておくシステムを作ることを同時に考えていた。そのシステムがもっとも有効に機能するのは、子どもにおいて、特に自らが何者であるか、何者になるべきかということを知らされないままにしておかれる子どもにおいてであると考えていた。第１章で見たように、立法が個人に介入し得るとすれば、相手が未成年状態にある場合だけだと、初期の立法改革論において考えていたベンサムは、その介入を現実化する具体的なシステムを作っていこうとしたのである。

　ベンサムの救貧論・監獄改革論・教育論と見てきたが、それらはいま見たように、個人の自律性に依拠して、個人の利益追求が全体の秩序維持へと連接されるシステムづくりであった。しかし他方で、あらかじめ期待値を低いままにしておく仕掛けをベンサムは組み込む。そのためのもっとも有効な方策が子どもの教育であったのである。もし完全に子どもたちを親の出自や置かれた環境から引き離してシステム化された条件の下に教育することができれば、平等な社会を実現することが可能になる。この限りでベンサムは平等な社会を目指したと言えるかも

しれない。しかし、現実にそのようなことができないということもベンサムは理解していた。現実にある不公正が過度にひどいものになるのを防ぐ歯止めは作りつつも、全く平準化された社会の構想はそこにはない。ベンサムの思想をめぐって、配分的正義（distributive justice）を目指すものだと擁護するものから、全体の幸福のために個人の権利は顧みられないという批判まで幅があるのは、こうした両面戦略を採るベンサムの思想の多義性のためであろう。皮肉なことに権威主義的ベンサムが顔をのぞかせるのは、今見たような、理想的な個々人の平等を目指す議論においてであり、社会的不平等を容認した上で、その不平等が過度の抑圧や不公正を生まないように、現実のシステムを作る際にはベンサムは自由主義の立場に立つのである。

　ベンサムにおいて教育は社会統治の基底である。そのことの意味は、現にある社会を追認するために教育を用いるという意味では決してなく、教育のシステムを功利の原理に則って正しく作ることができれば、社会の幸福を実現する生存・豊富・平等・安全は確保され、功利の原理に則った社会が作られ得るという意味であったと思われる。教育によって社会をつくる、社会構成原理としての教育、ベンサムの教育論はここに帰着するのである。

注

1）王立ランカスター協会は、協会のメンバーとの確執によってランカスター本人が協会から離れたため、1814年には内外学校協会（British and Foreign School Society）と再び名称変更する。
2）ベル－ランカスター論争の展開についての詳しい説明は、安川哲夫「"Schools for All"の成立過程について（上）―『ベル－ランカスター論争』の分析を中心として―」『金沢大学教育学部紀要（教育科学編）』第29号 1980, および同（下）同32号 1983参照。論争の口火を切ったのは、子ども向けの本の著述家であり、自らも日曜学校を開いていたサラ・トリマー（Sarah Trimmer）である。国教会派のトリマーにとって、当時多くの支持を集めつつあったランカスターの学校は、本来宗教教育を統括すべき国教会にとっての脅威に映った。ランカスターは、聖書は用いるが、日曜日には学校に一度集合した後、それぞれの生徒の属する教会へ行かせるなど、宗派教育を学校で行うことはしなかった。ランカスターの著作を通じてベルの著作を知ったトリマーは、ランカスターに対抗させるべくベルに手紙を書き、自らも1805年ランカスターの宗教教育のあり方を批判し、さらに彼のシステムがベルの盗用だとするパンフレットを発行する（*A Comparative View of the Means of Education Promulgated by Mr. Lancaster, in his Tracts concerning the Instruction of the Labouring Poor of the*

Community; and the System of Christian Education Founded by Our Pious Forefathers for the Initiation of the Young Members of the Established Church in the Principles of the Reformed Religion)。これを機に、それぞれのシステムの優秀性とオリジナリティをめぐって、雑誌やパンフレットを通じて議論がたたかわされることになる。この論争は、「ベル-ランカスター論争」と呼ばれるが、しかし、ランカスターはベルにアドヴァイスを求めて手紙を書き、ベルはそれへの返事において、自らの著書である『教育の実験』の新版発行にあたって内容的援助をランカスターに依頼するなどしている。また、ランカスターはベルの隠居先であるスワネージ (Swanage) を訪ね、ベルもまたバラ・ロードのランカスターの学校を見学に訪れるなど、ベルとランカスターとは個人的には対立していなかった (Dickson, M., *Teacher Extraordinary: Joseph Lancaster 1778-1838*, The Book Guild, 1986, pp. 58-60)。また、トリマーの教育思想と実践を検討した岩下誠は、彼女のランカスター批判は、単に宗派対立に還元されるものではなく、生徒の内省や反省を欠いた機械的教授のあり方に向けられていたことを指摘している（岩下誠「モニトリアル・システムの条件と限界―サラ・トリマーの教育思想と教育実践を通じて―」『教育学研究』第73巻第1号 2006)。

3）以下、本項では Mill, J., *Schools for all, in Preference to Schools for Churchmen Only: Or, the State of the Cotroversy between the Adovocates for the Lancasterian System of Universal Education, and those who have Set up an Exclusive and Partial System under the Name of the Church and Dr. Bell*, 1812の翻刻版（Thoemmes Press, 1995）を用いて、その頁数を角括弧内に示す。

4）ミルは当初、コモン・センス哲学を信奉し、ヒュームの宗教的懐疑主義に対する批判に共鳴していたが、ベンサムと出会った1808年頃を境に、コモン・センス哲学から離脱し、それとともに宗教的不可知論に至った。この点については、山下重一『ジェイムズ・ミル』イギリス思想叢書 8 研究社 1997に詳しい。

5）ここでミルは国教会派の神学的功利主義者ウィリアム・ペイリー（William Paley）の *Principles of Moral and Political Philosophy* における「教会制度の権威はその功利にもとづいている」とする理論を自らの理論の補強に用いている [17]。

6）「ミルに課せられた課題は、市民社会の内部で分裂した利害をいかに調和させるか、ということであり、そのための教育理論を構築することであった」と上野耕三郎は言う（「ジェームズ・ミル―『最大多数の最大幸福』教育論―」白石晃一・三笠乙彦『現代に生きる教育思想 2―イギリス―』ぎょうせい 1982, 139頁）。上野はまた、「ミルがモニトリアル・システムに見いだしたものは、社会の利害＝中産階級的徳・価値観に労働者の快楽追求の自由を吸収・同化させていく方法であった」と述べ、この意味において、中産階級子弟に対する教育と労働者階級に対する教育とは「少なくともミルの内部においては矛盾していなかった」と指摘している（同上 140-141頁）。

7）山下重一「ジェイムズ・ミルの連想心理学と倫理思想（下）」『國學院法学』第42巻第4号 2004, 53頁。

8）Silver, H., *English Education and the Radicals, 1780-1850*, Routledge & Kegan Paul, 1975, p. 30.

9）以下、本項ではミルの『教育論』について、Burston, ed., *James Mill on Education*,

Cambridge University Press., 1969の頁数を角括弧内に、さらに小川晃一訳『教育論・政府論』岩波文庫 1983の頁数を丸括弧内に記すことにする。

10) Mill, J., Government, reprinted from Supplement to the Encyclopedia Britannica, *The Collected Works of James Mill: Essays from the Supplement to the Encyclopedia Britannica*, Routledge / Thoemmes Press, 1992, p. 32, 小川晃一訳『教育論・政府論』岩波文庫 1983, 182頁。

11) コリーニ, S., ウィンチ, D., バロウ, J.,『かの高貴なる政治の科学―19世紀知性史研究―』ミネルヴァ書房 2005, 103-104頁。

12) クレストメイシア学校の設立提案書では、対象年齢が7歳から14歳または16歳、授業料は年間5ポンド5シリングとなっている。

13) 重森臣広「ベンサムの国教会批判―その『安楽死』構想と宗教の自由化論―」中央大学法学会『法学新報』101巻第5・6号 1995, 128頁。

14) ベンサムが国教会批判の立場を取るようになったのは、前にも述べたがパノプティコン原理にもとづく監獄構想の挫折が大きく関わっているという見方がある。国教会も含めた体制派が法的・社会的改革の障害になっていることを批判し、それを契機として、晩年のベンサムは国制そのものの改革へと向かうのだが、パノプティコンに加えて、ベル－ランカスター論争は、ベンサムにとって「我慢の限界を超えさせるもの（the straw that broke the camel's back）」であったというのが、これまでのおおかたの見方であったとクリミンズは述べている。それに対して、1770年代前半のベンサムの宗教に対する考えは、学校改革論争の後発展したと思われるものと実質的に同じであったという修正派が現在出てきている。クリミンズは、C. M. Atkinson, と C. K. Ogden を前者の伝統的見方に配し、M. Mack と J. Steintrager を修正派としてクリミンズ自身もそこに与している（Crimmins, *op.cit.* [1990] pp. 6-13）。また、テイラーも「ベンサムの反国教会の態度が、すべての者のための学校論争の結果であるという見方は単純化しすぎである」としている。パノプティコンの経緯に対する失望とフラストレーションがベンサムの国教会に対する嫌悪を強めたのは確かだが、宗教に対する批判的な態度はそうした失望よりも数十年先行しているとテイラーは述べる（Taylor, B. W., *op.cit.* [1978-b] p. 379）。伝統的解釈と修正派とのどちらが正しいのかをここで決することはできないが、少なくともここで検討する国民協会批判を通した国教会批判は、パノプティコンの挫折とベル－ランカスター論争とがなければ書かれなかったであろうと思われる。

15) Crimmins, *op.cit.* [1990] p. 167.

16) 『イギリス国教会』の構成は複雑で、「出版に際しての前書き（Preface on Publication）」「前書き」「序文（Introduction）」「本文・補遺」とそれぞれ1頁目から頁がふり直されている。そのため以下、CEからの引用に際しては、どの部分の何頁かを示すことにする。全体で456頁のこの書のうち、「国教会のカテキズムの検討（The Church of England Catechism Examined）」と題された本文はわずか86頁であるのに対して、序文が248頁、補遺が370頁もある。本節では序文を中心に検討する。

17) カニュエルは、ベンサムの宗教論における矛先は、信仰の非合理性にではなく、信仰が社会的に意味あるもの、影響力を持つものとして構築されるテクノロジーに向けられていたと指摘している（Canuel, M., *Religion, Toleration, and British Writing, 1790-1830,*

Cambridge University Press, 2002, p. 39)。
18) クリミンズは、ベンサムのカテキズム批判の中心には、「悟性」と「意志」との区別があるとし、ベンサムの理論からすれば、理性の説得によって他者に影響を与える悟性の悟性に対する影響は「良い (benign)」影響であるが、意志によって他者の意志を打ち負かすのは「邪悪な (sinister)」な影響であるという (Crimmins, *op.cit.* [1990] p. 175)。クリミンズは、ベンサムの『義務論』に言及しつつこの区別の重要性を指摘し、ベンサムにおいて教育は、モラリストや教師、親、世論による個人の選択に影響を与えるものであり、悟性の悟性に対する影響を意味すると述べる (Crimmins, *op.cit.* [2004] p. 43)。ただし『イギリス国教会』のこの部分においては、悟性と意志との区別に重点が置かれるというよりも、両者を「平伏させること」に着目されている。第1章で述べたように、ベンサムは『序説』においてアリストテレス以来「悟性の論理」だけが重視されてきたことを批判し、「意志の論理」である法の科学を打ち立てようとしている。悟性と意志との区別という問題はこのように、ベンサムの初期立法論と晩年の義務論との関係も含む複雑な問題であり、本論文の課題の範囲を超えている。この区別をめぐる複雑な様相については、彼の論理学とも関連させてマックが論じている (Mack, P. M., *Jeremy Bentham: An Odyssey of Ideas 1748-1792*, Heinemann, 1962, pp. 164-169)。
19) ベルがモニトリアル・システムを考案したマドラスでは、年長の子どもに簿記や地理、幾何学、あるいは自然哲学を教えていた。しかし、1805年の第二版以降、ベル－ランカスター論争の枠組みに組み入れられて大きく変質していくこ。この点については、安川哲夫「実際的教育の改革者A.ベルの教育＝訓練思想とその実践―『ベル－ランカスター論争』研究の一環として―」『金沢大学教育学部紀要（教育科学編）』第30号 1981参照。
20) Society for Bettering the Condition and Increasing the Comforts of the Poor, [Prospectus] 1797, p. 2.
21) この協会は、18世紀末の「もっとも工夫に富む (intringuing) 国民的慈善活動の一つで、当初から強力な政治経済学の要素と、福音主義と、当時隆盛した科学とを組み合わせていた」と言われる (Andrew, *op.cit.*, p. 174)。
22) Sturt M., *The Education of the People: A History of Primary Education in England and Wales in the Nineteenth Century*, Routledge and Keagan Paul, 1967, p. 16, 生活改善協会についてはまた、永井義雄『ロバアト・オウエンと近代社会主義』ミネルヴァ書房 1993 第6章「オウエン主義の成立」参照。永井はここでこの協会の活動を支えた思想が「オウエンの先駆」であったと指摘している。
23) *Of the Education of the Poor, Being the First Part of a Digest of the Reports of the Society for Bettering the Condition of the Poor: And Containing a Selection of those Articles which have a Reference to Education*, London, 1809 (rep. The Woburn Press, 1970)
24) ダーラム主教バリントンが、ベルに直接計画立案を依頼して設立した学校で、国民協会の教師養成学校としてボールドウィンズ・ガーデンズ (Baldwin's Gardens) に設立される中央学校よりも2年も早い。おそらくベルのシステムを全国に普及させていくモデル校としての役割を果たすことになったと思われる。バリントン・スクールについては、拙稿（児美川佳代子）「近代大衆学校の成立におけるモニトリアル・システムの意味―バリントン・スクール

から見えてくるもの―」『東京大学大学院教育学研究科紀要』第36巻 1996参照。
25) *Of the Education of the Poor*, pp. 52-53.
26) Crimmins, *op.cit*. [2004] pp. 93-94. 憲法典の構想においては、「パノプティコン計画における監視人と囚人との関係が、主権者である国民と公務員の関係に置きかえられている」という(深田 前掲書 44頁)。
27) ボラレヴィが着目しているように、ベンサムは貧民だけでなく、女性、性的逸脱者、ユダヤ人、植民地原住民、奴隷、そして動物などさまざまなカテゴリーの被抑圧者について論じている。ただしボラレヴィは、ベンサムの子どもに対する態度については、ベンサムの教育学(pedagogy)についての思想を全面的に再考する必要があると考えたため、検討の対象から外したという (Boralevi, *op.cit*., p. 3)。
28) 有江大介は、ベンサムの救貧論は、「扶助を社会の安定のための一つの『便宜(expediency)』として位置づけるものであって、それを実定的権利としての所得分配の公正さを担うものとはみなしていない」という意味で、「折衷的であった」と論じている(有江大介「ベンサムにおける功利と正義―市場社会と経済学の前提―」平井俊顕・深貝保則編著『市場社会の検証』ミネルヴァ書房 1993)。
29) ケリーは、「期待の安全」が、個人のアイデンティティ形成にとっても重要であると指摘している。「期待の安全は、功利の基礎的源泉のうちもっとも重要なものである。なぜならそれは個人のアイデンティティという概念を発達させる条件であり、時間を通してなお自己という概念の一貫性を与えるものだからである。そのようにして、近代社会を特徴づけている期待の複雑なパターンが可能になるのだ」(Kelly, *op.cit*. [1990] p. 93)。「期待の安全」が、このようなアイデンティティ形成に重要なものであり、それが法律によってのみ可能になるとすれば、ベンサムにおいて、立法と教育とが同じ働きを持つものとして、区別され得ないものだということがわかってくる。ベンサムの「期待の安全」については、児玉聡「ベンタム功利主義における security 概念の検討」『実践哲学研究』第27号2004も参照。
30) ベンサムは「間接的立法論」において、「個々人を識別し見つけ出すのを容易にする方法」の一つとして、手首に名前を刻みつけるということを提案している [PL:577]。この案は、個人の自由を侵害するベンサムの権威主義的側面を表象する最たるものと見なされてきた。ベンサムは名前が知られるという不安よりも、そこから得られる利益の方が大きいことをもって自らの提案を根拠づけようとするが、さらに次のように述べている。「この制度は、成長しつつある世代 (rising generation) に限る方が良いかもしれない。この世代については、自らが知られるという不快からくる反対意見が全く力をもたないようにできるからである。問題となっている感覚を彼らが獲得し得ないようにすればいいのである」(UCL, MSS, LIIIVII: 135-136 cited in, Engelmann, *op.cit*. [2003-b] p. 384)。

結章　近代教育論としてのベンサム教育論

「われわれが生きている時代は忙しい時代である。知識は急速に完成（perfection）に向かって進んでいる。自然界においては特にあらゆることが発見と改良とに満ちている。地球のもっとも遠く人知れぬ地方の横断と探検――ごく最近における空気中の万物に生命を与える捕捉しがたい元素の分析とその知識の普及――は、その他のすべてのものがなくてもこの嬉しい真理の顕著な証明である」[FG:3][1]。

ベンサムの最初の著作『統治論断片』の冒頭において、ベンサムはこう述べる。ポーターがベンサムのこの叙述を合理的な知識の普及と確信への熱意を推し進める近代啓蒙主義の特質を表す文言として引用しているように[2]、ベンサムは、近代科学的な合理性にもとづいて、不合理で不明瞭でそれゆえに多くの不正や腐敗を生んでいる法制度や社会制度の改革に乗り出す。

定義の明確な言葉によって、構成された法律をつくって不正を防ぎ、快苦計算をすれば個人の幸福追求が社会全体の幸福と一致し得ることが見いだせるような社会制度をつくることによって、功利の原理を実現すること、ベンサムの思索はそこに向けられる。だが、そうした法や制度を完全なものにしようとすればするほど、そこには自らの利害を判定し得ない一群の人々の存在が浮かび上がってくる。そのような人々の行為を方向づけるために、ベンサムは「間接的立法」という人々の性向に働きかけて犯罪を予防するような法律のあり方を考え、そこに教育を重要な機能として組み込む。ベンサムのそのような行為の方向づけは、しかし、人々の自由や自律性を抑圧することを目指したものではなく、むしろ人々が自律的に自由にふるまうことが、全体の秩序維持へとつながるようなシステムであった。

ベンサムが生きた18世紀後半から19世紀はじめの時代は、よく言われるように産業革命とフランス革命という「二重の革命」による社会変動の中で、新しい社会構成原理が求められた時代である。このような社会の再編過程において、レッセ・フェールの原則に貫かれた近代的統治の技法が出立してくる。その一環として、階級分裂への恐怖と絡み合いながら、貧民の教育（＝民衆教育）の思想が主

題化されてくる。ベンサムはそのような時代状況の中で、国民教育システムを構築することへも向かっていく。ベンサムにとって国民教育制度は、既存の社会を維持するためのものではなく、教育を通して新しい社会を最初から作り直すための起点になるものであった。全国慈善会社（National Charity Company）や「国民教育（National education）の一プラン」たる『クレストメイシア』などにおいて、ベンサムが目指したnationalなシステムは、名誉革命体制以降の「長い18世紀」[3]の最終的帰着点とそこからの離陸点を印づけていると言えよう[4]。

　以上のようなベンサムの思想は、私たちの近代教育概念をどのように深化させてくれるだろうか。まず第一に、すぐ上で見たように、国民教育（National Education）という概念は、教育に対する国家介入という観点とは別の論理の下にあるということが注目される。救貧や公衆衛生をめぐる行政改革を推し進めたチャドウィック（Edwin Chadwick, 1800-1900）[5]や、また6歳から12歳の子どもの強制就学を伴う国民教育法案を1833年に下院に提出したローバック（John Arthur Roebuck, 1801-1879）[6]など、ベンサム派と呼ばれる人々が、教育あるいはその周辺領域に関して国家の責任による行政機構を求めたこともあり、ベンサムの思想が教育への国家介入への道を開いたという見方がなされることがある。N.ハンスは、本論文第1章第2節で見た「間接的立法論」におけるベンサムの議論、すなわち家族的統治を果たし得ない家族に対しては、国家による「一般的教育（general education）」が必要であるというベンサムの議論を紹介しつつ、「イギリスの教育に対してベンサムがもっとも貢献したのは国家介入への主張である」という見方を示している[7]。しかし、第2章で詳しく論じたように、ベンサムが国家的規模の行政組織の整備を目指していたのは確かであるにしても、それを実質的に動かすのは、経済的論理に貫かれた私的経営体の自由な活動によってであった。もっとも、ベンサムは他方で立法改革、あるいは後には議会改革の構想を持って、国家構造そのものの再編を目指す。もしそのような改革が十全になされた後であるならば、国家が主導する教育あるいは救貧事業こそが求められたと思われる。ベンサムに即して見た場合、「教育に対する国家介入」ということの意味は、その国家のありようをどのように捉えるかによって一義的に捉えることのできないものであり、改革された政府および行政組織、そしてそれを十全にチェックし得る公衆によって構成される国家においては、「教育に対する国家

介入」によってこそ、個人の自由が実現するという構図がもたらされるのである。

　ベンサムの構想は、このように現状を前提にしてそれが孕む問題を改善していく側面と、未来へ向けた抜本的改革との両面を持っていた。功利主義の思想が理想的言辞と、すぐにできる改革のための実践的基準という「二重の目標」を常に持っていたということは、ミルの道徳哲学（全体の幸福の推進）とその心理学（心理学的快楽主義）との矛盾を説明する際に、バーストンも指摘していることである。すなわち、理想的社会においては事態は別だが、当面は利己的動機を善の促進のために用いるというのが、功利主義の戦略であったというのである[8]。そのような理想的社会においては、適切な教育によってすべての人が全体の快を追求するよう教えられるとバーストンは述べるが、このような言い方だけでは、功利主義教育論の戦略を捉えきれない。そのような社会は適切な教育によって全体の利益を考慮できる公衆が形成されたから成立するのか、それとも理想的な社会であるからこそ、適切な教育が可能となるのかという問題が残るからである。そしてこれが、ベンサムの思想の検討から学ぶべき第二の点だと思われる。

　すなわち、社会改革に対して教育はどのように関与するかという問題である。邪悪な利益を追求する少数の支配者によって統治された社会を改革するためには、統治行為のあらゆる側面が人々の目に見える形で公開されるシステムが必要であるのだが、そのシステムが十全に機能するには公開された情報の正邪を見分ける公衆の存在が前提とされなければならない。このような立場から選挙権の拡大を求めていくベンサムの社会改革論は、それゆえ必然的に選挙権を行使し得る市民形成論へと展開し、ここから『クレストメイシア』で見られたような知的教育も重視される。しかし同時に、この議論は市民社会を構成し得ない逸脱者に対しては秩序化の側面が前面に押し出され、それゆえに序章で見たように貧民の教育については、功利主義教育論は社会統制論へと転化すると言われてきた。これがいわゆる功利主義教育論における、バーストンも指摘する「理想」と「現実」、あるいは「原則」と「例外」ということになるのだろう。だが、本論文で論じてきたように、ベンサムの思想においてはこの二つの側面は矛盾するものではなかった。

　ベンサムにとって、子どもあるいは成長しつつある世代（rising generation）は、「未だ市民ならざる者」という意味において市民社会から逸脱した存在であ

る。しかし彼らを「市民になりゆく者」として、知的・道徳的側面のみならず生活全体にわたって適切な環境に置くことで、全く新しい社会を構成できるとベンサムは考えていた。自律的な個人が全体の利益を実現するような理想的な社会の構想と、快苦という情念によって動かされる人間理解という、一見矛盾するかに見える二つの側面は、未来への投企という教育のモメントを入れることによって、国家構造をつくり変えようとするベンサムの壮大な構想の中に矛盾なく位置づくのである。すべての子どもを生まれた時からあらかじめ整序された環境において教育することができれば、次の世代には個人の自律性と全体の利益とが一致する功利の原理に貫かれた新しい社会を構成することができると考えたベンサムは、そのモデルを現状において最大限実現するためにさまざまな改革案を提出したと言えるのではないだろうか。ベンサムにとって教育は、国家の工作模型(ミニアチュア)であったと本論の中で述べたが、未来への投企という時間軸も含んだこの模型の設計図を現実のものとするために、ベンサムはあらゆる側面からイギリスの国家構造の改革に向かう。

　教育を基底にして社会をつくり変えるというこの構想は、個人の主体形成と、そのような個人の自律性を侵害することなく、しかし社会の統治が十全になされる社会とを同時に実現しようとするものである。一見矛盾するかに見えるこの両者を二つながらに実現しようとするこの地点こそ、近代教育概念が成立する地点であり、近代教育が近代市民社会と不離一体のものであるということの意味も、この意味において理解されなければならない。ベンサムの教育論は、この意味においてすぐれて近代的なのである。

注

1) Bentham, J., *A Fragment on Government and an Introduction to the Principles of Morals and Legislation*, Harrison, W. ed., Basil Blackwell, 1970. 永井義雄 前掲書 [1982] に抄訳がある。
2) Porter, R., *Enlightenment: Britain and the Creation of the Modern World*, Allen Lane, The Penguin Press, 2000, p. 47.
3) 「長い18世紀」については、近藤和彦編著『長い18世紀のイギリス―その政治社会―』山川出版社 2002参照。
4) ポーターは、長い18世紀の間にイギリスが経験した、絶対主義の廃絶、人口増大、都市化、商業革命、工業化などのさまざまな変容の中で、静的で階層的な (static, hierarchical)

社会秩序が問い直され、それらが快楽計算や功利主義的改革に帰着することを指摘している（Porter, *op.cit.*, pp. 12-13）。また、金子勝は次のようにベンサム主義の改革を特徴づけている。「ベンサマイトによる『行政革命』は、かかる［暴動の］危険を未然に予防するために、中央集権化された規則的効率的行政機構を確立することによって、『旧い腐敗』と『暴民』との結合によって成り立ってきた名誉革命後の統治構造の根本的転換を図ろうとした改革だったのである。」（金子勝「イギリス国家における中央と地方」『思想』No.746, 1986, 75頁）。

5）チャドウィックについては、その包括的な研究の翻訳が最近出版されている。アンソニ・ブランデイジ『エドウィン・チャドウィック─福祉国家の開拓者─』ナカニシヤ出版 2002。

6）ローバックの教育法案が、同年可決された初等教育に対する2万ポンドの国庫補助金と結びつけられて論じられることがあるが、ベンサム派の議員たちはむしろこの補助金に対して、将来実現されるべき真の国民教育制度の機会を妥協させるものとなるゆえに反対していた（Aldrich, R. E., Radicalism, National Education and the Grant of 1833, *Journal of Educational Administration and History*, Vol. 5, No. 1, 1973, p. 4）。また宮澤 前掲論文 [1961] にも同様の指摘がある。

7）Hans, *op.cit.*, p. 94

8）Burston, ed., *James Mill on Education*, Introduction, p. 12

参考文献

【ベンサムの著作：以下の略号を使用】

CE : *Church-of-Englandism and its Catechism Examined: Preceded by Strictures on the Exclusionary System, as Pursued in the National Society's Schools: Interspersed with Parallel Views of the English and Scottish Established and Non-Established Churches: And Concluding with Remedies Proposed for Abuses Indicated: And an Examination of the Parliamentary System of Church Reform Lately Pursued, and Still Pursuing: Including the Proposed New Churches*, London, 1818

CO : *The Correspondence of Jeremy Bentham*, Vol. 8, Conway, S. ed. The Collected Works of Jeremy Bentham, Oxford, University Press, 1988

CH : *Chrestomathia*, Smith, M. J. & Burston, W. H. ed., The Collected Works of Jeremy Bentham, Clarendon Press, 1993

DE : Deontology, in; *Deontology together with A Table of the Springs of Action and Article on Utilitarianism*, Goldworth A. ed., The Collected Works of Jeremy Bentham, Clarendon Press, 1983

EL : Essay on Logic, Bowring ed., *The Works of Jeremy Bentham*, Vol. Ⅷ, Russell & Russell, 1962

FG : *A Fragment on Government and an Introduction to the Principles of Morals and Legislation*, Harrison, W. ed., Basil Blackwell, 1970

FO : A Frangment on Ontology, in; Božovič, M. ed., *The Panopticon Writings*, Verso, 1995

HL : A View of the Hard-Labour Bill, Bowring ed., *The Works of Jeremy Bentham*, Vol. Ⅳ, Russell & Russell, 1962

IPE : Institute of Political Economy, in; Stark ed., *Jeremy Bentham's Economic Writings*, George Allen & Unwin Ltd. Vol. 3, 1954

IPML : *An Introduction to the Principles of Morals and Legislation*, Burns, J. H. & Hart, H. L. A. eds., The Collected Works of Jeremy Bentham, Clarendon Press, 1996

JE : Rational of Judicial Evidence, Bowring ed., *The Works of Jeremy Bentham*, Vol. Ⅶ, Russell & Russell, 1962

LW : *'Legislator of the World': Writing on Codification, Law and Education*, Schofield, Ph., Harris, J. eds., The Collected Works of Jeremy Bentham, Clarendon Press, 1998

MPE : Manual of Political Economy in; Stark W. ed., *Jeremy Bentham's Economic Writings*, George Allen & Unwin Ltd., Vol. 1, 1952

OG : Of Laws in General, Hart H. L. A. ed., The Collected Works of Jeremy Bentham, University of London, The Athlone Press, 1970

PI : Panopticon; or the Inspection-House, Bowring, J. ed., *The Works of Jeremy*

Bentham, Vol. Ⅳ, Russell & Russell, 1962
PL：Principles of Penal Law, Bowring, J. ed., *The Works of Jeremy Bentham*, Vol. I, Russell & Russell, 1962
PM：Outline of a Work Entitled Pauper Management Improved, Bowring ed., *The Works of Jeremy Bentham*, Vol. Ⅷ, Russell & Russell, 1962
SA：A Table of the Springs of Action, in; *Deontology together with A Table of the Springs of Action and the Article on Utilitarianism*, Goldworth, A. ed., The Collected Works of Jeremy Bentham, Clarendon Press, 1983
TL：Traités de Legislation Civile et Pénale, par Jérémie Bentham, Dumont, Ét. éd., 3ème éd., 3tomes, 1830, 長谷川正安訳『民事および刑事立法論』勁草書房 1998
UCL, MSS：University College of London に保管されている Manuscript.

【引用文献】
Aldrich, R. E., Radicalism, National Education and the Grant of 1833, *Journal of Educational Administration and History*, Vol. 5, No. 1, 1973
── *An Introduction to the History of Education*, Hodder and Stoughton, 1982
Andrew, D. T., *Philanthropy and Police: London Charity in the Eighteenth Century*, Princeton University Press, 1989
有江大介「ベンサムにおける功利と正義―市場社会と経済学の前提―」平井俊顕・深貝保則編著『市場社会の検証』ミネルヴァ書房 1993
Atkinson, C. M. trans. & ed., *Bentham's Theory of Legislation*, 1914
Bahmueller, C. F., *The National Charity Company: Jeremy Bentham's Silent Revolution*, University of California Press, 1981
Bartle, G. F., Benthamites and Lancasterians: The Relationship between the Followers of Bentham and the British and Foreign School Society during the Early Years of Popular Education, *Utilitas* Vol. 3, No. 2, 1991
Beatie, J. M., *Crime and the Courts in England 1660-1800*, Princeton University Press, 1986
Bell, A., *An Experiment in Education, Made at the Male Asylum of Madras*, 1797
Bender, J., *Imaging the Penitentiary: Fiction and the Architecture of Mind in Eighteenth-Century England*, University of Chicago Press, 1987
Boralevi, C. L., *Bentham and the Oppressed*, Walter de Gruyter, 1984
Božovič, M. ed., *The Panopticon Writings*, Verso, 1995
モーリス・ブルース『福祉国家への歩み―イギリスの辿った途―』法政大学出版局 1984
アンソニ・ブランデイジ『エドウィン・チャドウィック―福祉国家の開拓者―』ナカニシヤ出版 2002
Burston, W. H., The Utilitarians and the Monitorial System of Teaching, Bereday, G. Z. F. & Lauwerys, J. A. eds., *The Year Book of Education*, Evans Brothers, 1957
Canuel, M., *Religion, Toleration, and British Writings, 1790-1830*, Cambridge University Press, 2002
コリーニ, S., ウィンチ, D., バロウ, J.『かの高貴なる政治の科学―19世紀知性史研究―』

ミネルヴァ書房 2005
Colquhoun, P., *A New and Appropriate System of Education for the Labouring People*, 1806, rep. Irish University Press, 1971
Cooper, R. A., Jeremy Bentham, Elizabeth Fry, and English Prison Reform, *Journal of History of Ideas*, Vol. 42, No. 4, 1981
Crimmins, J. E., *Secular Utilitarianism: Social Science and the Critique of Religion in the Thought of Jeremy Bentham*, Clarendon Press, 1990
―― Contending Interpretations of Bentham's Utilitarianism, *Canadian Journal of Political Science*, Vol. 39, No. 4, 1996
―― *On Bentham*, Wardsworth, 2004
Davidson, W. L., *Political Thought in England, The Utilitarians from Bentham to J.S. Mill*, Oxford University Press, 1950, 堀豊彦ほか訳『イギリス政治思想Ⅲ―ベンサムからミルにいたる功利主義者―』岩波現代叢書 1953
Delacy, M., *Prison Reform in Lancashire, 1700-1850: A Study in Local Administration*, Stanford University Press, 1986
Deleuze, G., *Empirisme et subjectivité: essai sur la nature humaine selon Hume*, P. U. F., 1953, p.123, 木田元・財津理訳『ヒュームあるいは人間的自然―経験論と主体性―』朝日出版社 1980
Dickson, M., *Teacher Exraordinary: Joseph Lancaster 1778-1838*, The Book Guild, 1986
Dinwiddy, J., Bentham and the Early Nineteenth Century, *Bentham Newsletter*, No. 8, 1984
―― *Bentham* (Past Masters Series), Oxford University Press, 1989, 永井義雄・近藤加代子訳『ベンサム』日本経済評論社 1993
Donzelot, J., *La police des familles*, Minuit, 1977, 宇波彰訳『家族に介入する社会』新曜社 1991
Engelmann, S. G., *Imagining Interest in Political Thought: Origins of Economic Rationality*, Duke University Press, 2003-a
――"Indirect Legislation": Bentham's Liberal Government, *Polity*, Vol. 35, No. 3, 2003-b
Evans, R., Bentham's Panopticon: An Incident in the Social History of Architecture, *Architectural Association Quarterly*, Vol. 3, No. 2, 1971
―― *The Fabrication of Virtue: English Prison Architecture, 1750-1840*, Cambridge University Press, 1982
Foucault, M., *Surveiller et punir: Naissance de la prison*, Gallimard, 1975, 田村俶訳『監獄の誕生―監視と処罰』新潮社 1977
―― *Histoire de la sexualité 1, La volonté de savoir*, Gallimard, 1976, 渡辺守章訳『性の歴史Ⅰ 知への意志』新潮社 1986
―― L'œil du pouvoir, in; *Le Panoptique* par Jeremy Bentham, Pierre Belfond, 1977, 伊藤晃訳「権力の眼―『パノプティック』について―」『エピステーメー』Vol. 4, No. 1, 1978
――The Subject and Power in; Dreyfus, H. L. & Rabinow, P. ed., *Michel Foucault: Beyond Structuralism and Hermeneutics*, 2nd. ed., The University of Chicago Press, 1982, 山

形頼洋・鷲田清一ほか訳『ミシェル・フーコー―構造主義と解釈学を超えて―』筑摩書房 1996
― Governmentality, in; Burchell G. et al. eds., *The Foucault Effect*, The University of Chicago Press 1991
深田三徳『法実証主義と功利主義―ベンサムとその周辺―』木鐸社 1984
深貝保則「怠惰な貧民、機会なき貧民、目覚めに誘われる貧民」『日英教育フォーラム』第5号 2001
船木亨『ランド・オブ・フィクション―ベンタムにおける功利性と合理性―』木鐸社 1998
Gaonkar, D. P. & McCarthy Jr., R. J., Panopticism and Publicity: Bentham's Quest for Transparency, *Public Culture*, No. 6, 1994
Gordon, C., Governmental Rationality, in; Burchell G. et al. eds., *The Foucault Effect*, The University of Chicago Press, 1991
Halévy, E., *The Growth of Philosophic Radicalism*, trans. by Morris, M., Faber & Faber, 1929, rep. 1949
Hans, N., Bentham and the Utilitarians, in; Judges, A. V. ed., *Pioneers of English Education*, Faber & Faber, 1952
Hanway, J., *Solitude in Imprisonment*, 1776
Harrison, W. ed., Bentham, J., *A Fragment on Government and an Introduction to the Principles of Morals and Legislation*, Basil Blackwell, 1970
Hart, H. L. A., *Essays on Bentham: Studies on Jurisprudence and Political Theory*, Clarendon Press, 1982
林田敏子『イギリス近代警察の誕生―ヴィクトリア朝ボビーの社会史―』昭和堂 2002
Himmelfarb, G., Bentham's Utopia: The National Charity Company, *The Journal of British Studies*, Vol. X, No. 1, 1970
― *The Idea of Poverty: England in the Early Industrial Age*, Vintage Books, 1985
― The Haunted House of Jeremy Bentham, in; *Victorian Minds: A Study of Intellectuals in Crisis and Ideologies in Transition*, Elephant paperbacks, 1995
Hirschman, A. O., *The Passions and the Interests*, Princeton University Press, 1977, 佐々木毅・旦祐介訳『情念の政治経済学』法政大学出版局 1985
堀尾輝久『現代教育の思想と構造』岩波書店 1971
Howard, J., *The State of the Prisons in England and Wales with Preliminary Observations, and an Account of Some Foreign Prison*, 1777, 湯浅猪平訳『監獄事情』矯正協会 1972, 川北稔・森本真美訳『十八世紀ヨーロッパ監獄事情』岩波文庫 1994
Hume, L. J., Bentham's Panopticon: An Administrative History Ⅰ, *Historical Studies*, Vol. 15, No. 61, 1973
井上洋「『十九世紀イギリス行政革命』論争」に関する一考察（一）（二）」名古屋大学『法政論集』第93号・第94号, 1982・1983
石井幸三「後期ベンタムの哲学―『クレストメイシア』を素材にして―」『龍谷法学』第31巻第4号 1999
板井広明「初期ベンサムの統治構想―開明的立法者と公衆―」『イギリス哲学研究』第

21号 1998
― 「ベンサムにおける快楽主義の位相とマイノリティの問題―『男色論』を中心にして―」『社会思想史研究』第26号 2002
― 「J. ベンサムの社会思想―啓蒙・規律・公共性―」博士（経済学）学位取得論文 横浜市立大学経済学研究科 2004
Ignatieff, M., *A Just Measure of Pain: The Penitentiary in the Industrial Revolution, 1750-1850*, Penguin Books, 1989
石井幸三「後期ベンタムの哲学―『クレストメイシア』を素材にして―」『龍谷法学』第31巻第4号 1999
Itzkin, E. S., Bentham's Chrestomathia: Utilitarian Legacy to English Education, *Journal of History of Ideas,* Vol. 30, No. 2, 1978
岩佐幹三『市民的改革の政治思想』法律文化社 1979
岩下誠「モニトリアル・システムの条件と限界―サラ・トリマーの教育思想と教育実践―」『教育学研究』第73巻第1号 2006
Jackson, D., A Note on the Bentham Bibliography and Chronological Table of Printed Works, *The Bentham Newsletter,* Vol. 6, 1982
戒能通弘「J. ベンサムと期待の原理―新たなるベンサム像の提示をめざして―」『同志社法学』第49巻第5号 1998
― 「世界の立法者ベンサム」『同志社法学』第51巻第3号 1999
金子勝「イギリス国家における中央と地方」『思想』No. 746, 1986
柏木肇「和しつ諍う知の司祭」『科学と国家と宗教』平凡社 1995
Kelly, P. J., *Utilitarianism and Distributive Justice: Jeremy Bentham and Civil Law,* Clarendon Press, 1990
― Classical Utilitarianism and the Concept of Freedom: a Response to the Republican Critique, *Journal of Political Ideologies,* No. 6, 2001
神成嘉光『ベンサム法思想の研究』八千代出版 1993
川田昇『イギリス親権法史―新救貧法政策の展開を軸にして―』一粒社 1997
児玉聡「ベンタムにおける徳と幸福」『実践哲学研究』第22号 1999
―児玉聡「ベンタム功利主義における security 概念の検討」『実践哲学研究』第27号 2004-a
― 「ベンタムの功利主義の理論とその実践的含意の検討」博士（文学）学位取得論文 京都大学大学院文学研究科 2004-b
児美川佳代子「近代大衆学校の成立におけるモニトリアル・システムの意味―バリントン・スクールから見えてくるもの―」『東京大学大学院教育学研究科紀要』第36巻 1996
近藤和彦編著『長い18世紀のイギリス―その政治社会―』山川出版社 2002
栗田和典「『統治しがたい』囚人たち―1720年代のロンドン・フリート債務者監獄―」『史学雑誌』第105編第8号 1996
Lancaster, J., *The British System of Education,* 1812
Lawson, J. & Silver, H., *A Social History of Education in England,* Methuen, 1973
Mack, P. M., *Jeremy Bentham: An Odyssey of Ideas 1748-1792,* Heinemann, 1962
Malthus, T. R., *An Essay on the Principles of Population, or a View of its Past and*

Present Effects on Human Happiness, 7th. ed., 1872, Reprints of Economic Classics, Augustus M. Kelley Publishers, 1971, 大淵寛ほか訳『人口論名著選集1 人口の原理（第6版）』中央大学出版部 1985
松塚俊三 「イギリス近代の地域社会と『第二の科学革命』―ニューカースル文芸・哲学協会をめぐって―」『史学雑誌』第98編第9号 1989
― 『歴史のなかの教師―近代イギリスの国家と民衆文化―』山川出版社 2001
Mill J., *Schools for All, in Preference to Schools for Churchmen Only: Or, the State of the Cotroversy between the Adovocates for the Lancasterian System of Universal Education, and those who have Set up an Exclusive and Partial System under the Name of the Church and Dr. Bell*, 1812, Thoemmes Press, reprint, 1995
― Burston, W. H. ed., *James Mill on Education*, Cambridge University Press, 1969, p. 52, 小川晃一訳『教育論・政府論』岩波文庫 1983
― Government, reprinted from Supplement to the Encyclopedia Britannica, *The Collected Works of James Mill: Essays from the Supplement to the Encyclopedia Britannica*, Routledge / Thoemmes Press, 1992, p. 32, 小川晃一訳『教育論・政府論』岩波文庫 1983
Mill, J. S., Bentham, in; Ryan, A. ed., *Utilitarianism and Other Essays: J. S. Mill and Jeremy Bentham*, Penguin Books, 1987, p. 150, 松本啓訳『ベンサムとコウルリッジ』みすず書房 1990
Miller, P. J., Factories, Monitorial Schools and Jeremy Bentham: The Origins of the 'Management Syndrome' in Popular Education, *Journal of Educational Administration and History*, Vol. 5, No. 2, 1973
Milne, A. T., *Catalogue of the Manuscripts of Jeremy Bentham in the Library of University College London*, 2nd ed., The Athlone Press, 1962
三宅孝之『近代刑罰法制の確立―刑事施設と拘禁刑―』大学教育出版 2001
宮澤康人「ベンタミズムの『公教育』概念―その政治的背景―」『教育学研究』第28巻第1号 1961
― 「近代の大衆学校はいかに成立したか」柴田義松ほか編『教育学を学ぶ［新版］』有斐閣 1987
― 「大人と子供の関係史の展望―メタ教育学としての教育関係史の可能性―」大人と子供の関係史研究会『大人と子供の関係史 第一論集』1994
― 「教育史かきかえの遠い道のり」『教育学年報6 教育史像の再構築』世織書房 1997
― 「自然の開発と人間の発達」宮澤康人編著『教育文化論―発達と環境と教育関係―』放送大学教育振興会 2002
三好信浩『イギリス公教育の歴史的構造』亜紀書房 1968
森本真美「『聖者』の執心―新興ジェントルマン、ジョン・ハワード」山本正編『ジェントルマンであること―その変容とイギリス近代―』刀水書房 2000
永井義雄『ベンサム』人類の知的遺産44 講談社 1982
― 「イギリス急進主義の教育理論と実践―ヘイズルウッド校をめぐって―」宮本憲一・大江志乃夫・永井義雄『市民社会の思想』御茶の水書房 1983
― 『ロバアト・オウエンと近代社会主義』ミネルヴァ書房 1993

――『自由と調和を求めて――ベンサム時代の政治・経済思想――』ミネルヴァ書房 2000
――『ベンサム』イギリス思想叢書7 研究社 2003
中内敏夫「教育の誕生 その後」叢書〈生む・育てる・教える――匿名の教育史〉1『〈教育〉――誕生と終焉』藤原書店 1990
成瀬治『近代市民社会の成立』東京大学出版会 1984
西尾孝司『増補 イギリス功利主義の政治思想』八千代出版 1981
――『ベンサム倫理学・教育学論集』御茶の水書房 2002
小畑俊太郎「フランス革命期ベンサムの政治思想」『東京都立大学法学会雑誌』第45巻第2号 2005
O'Donnell, M. G., *The Educational Thought of the Classical Political Economists*, University Press of America, 1985, 関劭訳『古典派政治経済学者の教育思想』晃洋書房 1993
尾形利雄『産業革命期におけるイギリス民衆児童教育の研究』校倉書房 1964
岡田与好「自由放任主義と社会改革――『十九世紀行政革命』論争に寄せて――」東京大学社会科学研究所『社会科学研究』第27巻第4号 1976
大﨑功康『プロイセン・ドイツにおける近代学校装置の形成と教育方法の改革』平成10-13年度科学研究費研究成果報告書 2002
大澤真理『イギリス社会政策史――救貧法と福祉国家――』東京大学出版会 1986
大澤真幸「主体性の変移と資本主義の精神」『性愛と資本主義』青土社 1996
大田直子『イギリス教育行政制度成立史――パートナーシップ原理の誕生――』東京大学出版会 1992
Porter, R., *Enlightenment: Britain and the Creation of the Modern World*, Allen Lane, The Penguin Press, 2000
Postema, G. J., *Bentham and the Common Law Tradition*, Clarendon Press, 1986
Poynter, J. R., *Society and Pauperism: English Ideas on Poor Relief, 1795-1834*, Routledge & Kegau Paul, 1969
Quinn, M., Jeremy Bentham on the Relief of Indigence: An Exercise in Applied Philosophy, *Utilitas*, Vol. 6, No. 1, 1994
―― The Fallacy of Non-Interference: The Poor Panopticon and Equally of Opportunity, http://www.ucl.ac.uk/Bentham-Project/journal/nlquinn.htm
Radzinowicz, L., *A History of English Criminal Law and its Administration from 1750*, Vol. 3, Steven & Sons, 1956
リーデル, M.『市民社会の概念史』以文社 1990
Roberts, W., Bentham's Poor Law Proposals, *Bentham Newsletter*, Vol. 3, 1979
Rosen, F., *Jeremy Bentham and Representative Democracy: A Study of the Constitutional Code*, Clarendon Press, 1983
―― *Classical Utilitarianism from Hume to Mill*, Routledge, 2003
斎藤新治「近代民衆学校における『クラス』制度の成立に関する一考察」『新潟大学教育学部紀要』第20巻 1978
――「近代英国初等学校における『3R's』教授システムの成立過程について」『教育学研究』第48巻第3号 1981
三時眞貴子「ウォリントン・アカデミー（Warrington Academy, 1757～86年）の設立

―J. セドンの活動を中心に―」『日本の教育史学』第44集 2001
佐藤俊樹『近代・組織・資本主義―日本と西欧における近代の地平―』ミネルヴァ書房 1993
澤田庸三「19世紀イギリスの中央・地方関係の成立に関する一視点について―『19世紀行政革命論争』を手掛かりに―」関西学院大学法政学会『法と政治』第40巻第3号 1989
―「19世紀イギリスの中央・地方関係の成立過程に関する一視点について―ベンサム主義者とE. チャドウィックの関係を手掛かりに―」『年報 行政研究』第25号 1990
Schofield, Ph., Bentham on the Identification of Interest, *Utilitas*, Vol. 8, No. 2, 1996
― Jeremy Bentham: Legislation of the World, in; Postema, G. H., ed., *Bentham: Moral, Political, Legal Philosophy*, Vol. II, Ashgate, 2002
Seaborne, M., *The English School: Its Architecture and Organization, 1370-1830*, University of Toronto Press, 1971
関曠野「教育のニヒリズム」『現代思想』Vol. 13, No. 12, 1985
Semple, J., Foucault and Bentham: A Defence of Panopticism, *Utilitas*, Vol. 4, No. 1, 1992
― *Bentham's Prison: A Study of the Panopticon Penitentiary*, Clarendon Press, 1993-a
― Bentham's Utilitarianism and the Provision of Medical Care, Porter, R. ed., *Doctors, Politics, and Society: Historical Essays*, Rodopi, 1993-b
重森臣広「ベンサムの国教会批判―その『安楽死』構想と宗教の自由化論―」中央大学法学会『法学新報』101巻第5・6号 1995
―「ベンサムの救貧事業論―その営利化と規律主義をめぐって―」中央大学法学会『法学新報』第107巻第3・4号 2000
白水浩信『ポリスとしての教育―教育的統治のアルケオロジー―』東京大学出版会 2004
Simon, B., *Studies in the History of Education: The Two Nations and the Educational Structure, 1780-1870*, Lawrence & Wishart, 1974, 成田克矢訳『イギリス教育史 I』亜紀書房 1977
Silver, H., *The Concept of Popular Education: A Study of Ideas and Social Movements in the Early Nineteenth Century*, Macgibbon & Kee, 1965
― *English Education and the Radicals, 1780-1850*, Routledge & Kegan Paul, 1975
Slack, P., *The English Poor Law, 1531-1782*, Cambridge University Press, 1995
Smith, A., *An Inquiry into the Nature and Causes of the Wealth of Nations II*, Campbell, R. H. & Skinner, A. S. eds., Clarendon Press, 1976, 大内兵衛・松川七郎訳『諸国民の富』岩波文庫 1966
Stewart, W. A. C. & McCann, W. P., *The Educational Innovators 1750-1880*, Macmillan 1967
Sturt, M., *The Education of the People: A History of Primary Education in England and Wales in the Nineteenth Century*, Routledge and Kegan Paul, 1967
鈴木慎一「ベンサム『クレストマティア』論考」『早稲田大学学術研究 人文・社会・自然』第11号 1962

高島和哉「ベンサムの人間観とその哲学的基礎に関する一考察」『ソシオサイエンス』Vol. 9, 2003
― 「法・実定道徳・功利原理―ベンサム功利主義の構想―」『ソシオサイエンス』Vol. 10, 2004
Tarrant, J., Utilitarianism, Education and the Philosophy of Moral Insignificance, *Journal of Philosophy of Education*, Vol. 25, No. 1, 1991
Taylor, B. W., *Jeremy Bentham and the Education of the Poor in England*, Ph. D. thesis, The University of Alberta, 1978-a
― Jeremy Bentham, the Church of England, and the Fraudulent Activities of the National Schools Society, *PAEDAGOGICA HISTORICA*, Vol. 18, No. 2, 1978-b
― A Note in Response to Itzkins's "Bentham's Chrestomathia: Utilitarian Legacy to English Education", *Journal of the History of Ideas*, Vol. 43, No. 2, 1983
Taylor, J., *Joseph Lancaster*, The Campanile Press, 1996
寺﨑弘昭「19世紀イギリスにおける少年分離監獄の成立―『矯正』思想とその子ども観―」『教育学研究』第48巻第3号 1981
―「小リヴァイアサンにおける父・母・子と〈教育〉―ホッブズ『リヴァイアサン』第20章を読む―」『お茶の水女子大学人文科学紀要』第44巻 1991
―「教育関係構造史研究入門―教育における力・関係・ハビトゥス―」『東京大学教育学部紀要』第32巻 1993
―「17世紀イギリスにおけるヨーロッパ胎教論の一水脈―トマス・トライオンの教育思想―」『東京大学教育学部紀要』第34巻 1994
―「福祉・教育・治安」花井信・三上和夫編著『教育の制度と社会』梓出版社 2000
―『ヨーロッパ教育関連語彙の系譜に関する基礎的研究』平成13-15年度科学研究費補助金研究成果報告書 2004
土屋恵一郎『社会のレトリック』新曜社 1985
―『ベンサムという男―法と欲望のかたち―』青土社 1993
―土屋恵一郎編『ホモセクシュアリティ』弘文堂 1994
梅根悟『西洋教育思想史3』誠文堂新光社 1969
―『世界教育史（新装版）』新評論 1988
上野耕三郎「ジェームズ・ミル―『最大多数の最大幸福』教育論―」（白石晃一・三笠乙彦『現代に生きる教育思想2―イギリス―』ぎょうせい 1982
―「〈個人〉産出の技術としてのモニトリアル・システム」小樽商科大学『人文研究』第88輯 1994
Wahman, D., National Society, Communal Culture: An Argument about the Recent Historiography of Eighteenth Century Britain, *Social History*, Vol. 17, No. 1, 1992
Wallas, G., *The Life of Francis Place, 1771-1854*, George Allen & Unwin, 1925
Webb, S. & B., *English Prisons under Local Government*, Longman, 1922
山口真里「18世紀イングランドの捨て子処遇における『家族』と『教育』―ファウンドリング・ホスピタルからハンウェイ法へ―」『日本の教育史学』第43集 2000
山本敏子「〈家庭教育〉創出のシナリオ」寺﨑昌男ほか編『近代日本における知の配分と国民統合』第一法規 1993
山下重一「功利主義と言論出版の自由」『季刊 社会思想』第1巻 第3号 1971

―『ジェイムズ・ミル』イギリス思想叢書8　研究社　1997
　　―「ジェイムズ・ミルの連想心理学と倫理思想（下）」『國學院法学』第42巻第4号
　　　2004
安川哲夫「J. ミルにおける功利主義教育論の成立基盤―賞罰・連合理論を中心として
　　　―」『九州教育学会紀要』第5巻　1977
　　―「Hartleian における観念連合論と進歩の観念―近代イギリス教育思想史研究の一環
　　　として―」『日本の教育史学』第21集　1978
　　―「"Schools for All" の成立過程について（上）―『ベル－ランカスター論争』の分析
　　　を中心として―」『金沢大学教育学部紀要（教育科学編）』第29号　1980
　　―「実際的教育の改革者 A. ベルの教育＝訓練思想とその実践―『ベル－ランカスター
　　　論争』研究の一環として―」『金沢大学教育学部紀要（教育科学編）』第30号　1981
　　―「"Schools for All" の成立過程について（下）―『ベル－ランカスター論争』の分
　　　析を中心として―」『金沢大学教育学部紀要（教育科学編）』第32号　1983
　　―「ジョゼフ・プリーストリ―教育による進歩の思想の確立者―」白石晃一・三笠乙
　　　彦編『現代に生きる教育思想2―イギリス―』ぎょうせい　1982
米谷園江　「ミシェル・フーコーの統治性研究」『思想』No. 870, 1996

【その他】
・Anon, Education, On Chrestomathia, *Westminster Review*, Vol. 1, Jan. 1824
・*Of the Education of the Poor, Being the First Part of a Digest of the Reports of the Society for Bettering the Condition of the Poor: And Containing a Selection of those Articles which have a Reference to Education*, London, 1809 （rep. The Woburn Press, 1970）
・*Proposals for Establishing in the Metropolis, a Day School in which an Example may be Set of the Application of the Methods of Dr. Bell, Mr. Lancaster, and Others, to the Higher Branches of Education*, London, 1816

あとがき

　「ベンサムの教育思想を勉強しています」とイギリス人に自己紹介すると、必ずと言ってよいほど「あなたはベンサムに会ったことがあるか？」と問われる。200年近く前に没したベンサムに会ったことがあるかという、この奇妙な問いかけに、たいていのベンサム研究者はYESと答えるはずだ。この問いは、ユニバーシティ・カレッジ・ロンドン（UCL）の廊下に今でもすわっているベンサムのミイラ（それをベンサムは、auto-iconと名づけた）に会いに行ったことがあるかという問いだからである。実際、私も二度ほどベンサムに会いに行った。ベンサムの身体がそこにあり、そしてUCLの特別コレクションではベンサムの書き記した草稿も、実際に手にとることができる。しかし、その草稿が現在なお一部しか整理されず、新しいベンサム全集の刊行がUCLのベンサムプロジェクトにおいて現在進行中であることを見ても、その思想の中身については、本当に手が届かないと何度も思わせられる思想家である。

　ベンサムのミイラ（auto-icon）の存在がよく知られているのと同様、ベンサムの思想も「功利主義」という名を冠せられ、非常によく言及される。しかしいったい「功利主義」とは何なのか？ディケンズが『ハードタイムズ』で、「事実と計算を重んずる」教師グラッドグラインドにそれを代表させたイメージで功利主義は理解され、ベンサムの思想もそのイメージの中に組み込まれる。ミイラとして現代にも生き、よく知られているかに見えるベンサムは、他方で「読まれざるベンサム」と言われるように、その難解な文章のゆえにか、言及される頻度に比して、圧倒的に読まれていないままであるように思われる。

　本書は、ベンサムの教育論に即して、彼が構想していた社会構想に迫ろうとしたものである。個人の自由と社会の統治とを両立させることが、ベンサムの課題であり、その両立のピボットに教育が位置していたということ、そしてそこから、近代教育がそもそも、そうした個人の自由と社会の統治との矛盾の中で登場してきたということを論じた。しかし、そうしたベンサム「理解」は、あまりにきれいにまとまり過ぎているのかもしれない。ベンサムの叙述のここかしこに見られるように、あるいは、「権威主義的ベンサム」を批判する論者が何度も指摘

ように、個人の自由を追求しようとしてベンサムがうち立てるシステムは、時にグロテスクな様相を示す。例えば、個人を容易に識別するために腕に名前を彫り込むことで、召喚が容易になり、無駄な拘禁が減って、個人の自由にとって好ましいとする考えのように。ベンサムのミイラが、死せるものでさえ、生きているものの役に立てようという功利の原理に貫かれていたとしても、やはりグロテスクであるのと同じように。

しかし、個人の自由と社会の統治の矛盾を、快と苦に貫かれた人間理解のもとに、のりこえようとしたベンサムには、矛盾を矛盾として捉える、ある潔さがあるようにも思う。それをベンサムの死体（body = 身体）が、示しているのではないか。個々人と、個々の施設と、社会全体をアナロジーでつなぐベンサムが、社会を一つの身体（body）と見立てたことは非常に重要だったのではないかと思う。この点から、ベンサムの思想を捉えることを今後の課題の一つにしたいと考えている。

本書は、2004年12月、東京大学大学院教育学研究科によって博士（教育学）学位論文として受理された「J. ベンサムの社会統治と教育―社会構成原理としての近代学校を問うために―」をもとにしたものである。学位論文の審査にあたっては、汐見稔幸、土方苑子、川本隆史、小川正人、金森修の諸先生に労をとっていただき、厳しくもあたたかいコメントを頂いた。主査の汐見先生には、附属中等教育学校の校長という激務の中、様々な助言や励ましを頂き感謝している。また金森先生からは、「ベンサムを好々爺にしてしまっている」というご指摘を頂き、ベンサムのある種の異様さをきちんと描き出せなかったことから、今後の私自身のベンサムへの迫り方について課題を頂いたと思っている。

本書のいくつかの章は、すでにこれまでに以下のような論文として公表されたものをもとにしている。

第1章
「J. ベンサム立法論における統治と教育」『日英教育研究フォーラム』第7号 2003
「J. ベンサムにおける統治術と教育術―『刑法の原理』第三部を中心として―」教育

史学会『日本の教育史学』第37集 1994

第2章

「J. ベンサム『クレストマティア学校』の構図(1) —パノプティコン原理による学校管理—」東京大学教育学部 教育哲学・教育史研究室『研究室紀要』第18号 1992

「J. ベンサム『パノプティコン』再考」『流通経済大学論集』第37巻 第2号 2002

「J. ベンサムの National Charity Company 構想—功利・慈善・教育—」『流通経済大学論集』第36巻 第3号 2002

第3章

Jeremy Bentham's Educational Thought『流通経済大学論集』第38巻 第2号 2003

「J. ベンサム『クレストマティア学校』の構図(2) —モニトリアル・システムの適用—」東京大学大学院教育学研究科 教育学研究室『研究室紀要』第25号 1999

　ずいぶん長い道のりだったように思う。修士論文でベンサムの『クレストメイシア』に取り組んで以来、ベンサムの教育思想とモニトリアル・システムを通して、近代教育の矛盾的様相を描き出すことを目指してきた。東京大学の助手時代から、博士論文構想を研究会などの場で検討して頂いたりもしたが、なかなか展望が開けなかった。ようやく一つの筋が見えてきたのは、本書第2章第2節にあたる、ベンサムの全国慈善会社についての論文を書いた2001年頃からである。ベンサムが、請負制によって自由な利潤追求をさせることで、社会全体を統治していく構想を持っていたこと、そしてこの視点からパノプティコンを読み直していったことによって、立法改革論者であるベンサムが教育論を書いた意味がおぼろげながらわかってきた。

　しかし、膨大な著作と、未刊行の草稿があるベンサムの思想を理解するのは容易ではなく、自分自身のベンサム読みに全く自信が持てないでいた。それが、永井義雄先生（現・名古屋大学名誉教授）に声をかけて頂いた2002年の公益（功利）主義学会での発表、さらには、2003年の ISUS2003 (International Society for Utilitarian Studies) での発表によって、内外のベンサム研究者と議論する場を持てたことで、考察の方向が間違っていないということがわかり、論文全体の道筋

がついていった。国際学会で発表するよう促してくださり、さらにロンドン大学のベンサムプロジェクトに紹介してくださった、有江大介先生（横浜国立大学）、深貝保則先生（現・横浜国立大学）に感謝したい。さらに、2度にわたってベンサムプロジェクトで、私の研究内容にコメントを頂き、ベンサムの草稿の貴重な翻刻版のコピーをくださったフィリップ・スコフィールド先生（UCL）に感謝したい。スコフィールド先生から頂いたベンサムの草稿をタイプしたものの中に、本書でも引用した「教育は小型の統治である。つまり小型の立法と行政である（Education is government in miniature: legislation and administration in miniature）」というベンサムの言葉を見つけたとき、統治と教育との関係がはっきりとした形で見えてくる感動を覚えた。

　ベンサムプロジェクトを訪ね、ロンドンでの史料調査ができたのは、日英教育学会のスカラーシップを頂いたからである。審査をしてくださった鈴木慎一先生（現・早稲田大学名誉教授）、大田直子先生（現・首都大学東京）、ブリティッシュ・カウンシルのマイケル・バレットさんに感謝したい。また、海外での発表の際に、私の不十分な英語を直してくれ、発表内容についてのコメントと暖かい励ましをいつもくれたポール・スタンディッシュ先生（現・シェフィールド大学）にも感謝したい。そして、2003年から月1回のペースで続けているベンサム研究会のメンバー、児玉聡さん、板井広明さん、高島和哉さん、小畑俊太郎さん、川名雄一郎さん、安藤馨さんには特に感謝の言葉を述べたい。ここでのディスカッションが、ベンサム読みの導きの糸になり、博士論文を執筆していく上でとても有益であった。それまで一人でただベンサムの難解な文章と向き合っていたときとは、まったく質の違うベンサム読みを知ることになり、また倫理学・経済思想史・社会思想史・政治思想史・政治哲学といった異なる分野のベンサム研究者と議論することで、私が教育学者としてベンサムを読むことの意味を問われていったように思う。

　本来なら、最初に書かなければいけなかったのだが、大学院入学以前からお世話になった二人の指導教官、宮澤康人先生（現・放送大学）、寺﨑弘昭先生（現・山梨大学）の導きがなかったら、私はとっくに研究者になることをあきらめていたと思う。直接お会いする機会はほとんどなくなってしまったが、論文執筆の間、いつも念頭にあったのは、お二人の研究であり、書き上がった後に頂け

るかもしれないコメントであった。

　本書は、流通経済大学の出版助成を受けて出版された。佐伯弘治学園長、野尻俊明学長をはじめ、出版助成の審査をしてくださった、田多英範、金子養正、関哲行、松崎慈恵、波田永実の諸先生に感謝したい。博士論文を書くこと自体、流通経済大学に奉職しなければできなかったことと思う。大学全体の自由な雰囲気と、若手の教員をあたたかく励ましてくださる環境に恵まれたことを幸運だと思っている。なかでも上野裕一先生は、国際学会への参加や、論文執筆のさまざまな節目において、いつも助言と激励をくださり、また、人とあまり話そうともせずひきこもりがちだった私に、学内にNPO法人を立ち上げ、社会の中で研究者がどう生きるかという課題を与えてくださったこと、いくら感謝しても足りないくらいである。

　最後にNPO法人クラブ・ドラゴンズの子ども－教育部門（フリースクール、学び塾、ドラ塾）で、毎日骨身を削って企画・運営に努力してくれている学生たちに感謝したい。そして、私事にわたって恐縮であるが、未熟な母をゆるし続けてくれている息子 児美川拓実にありがとうと言いたい。

著　者　略　歴

小松　佳代子　　（こまつ　かよこ）
現　職　流通経済大学スポーツ健康科学部助教授（博士・教育学）
1995年　東京大学大学院教育学研究科単位取得退学
　　　　日本学術振興会特別研究員、東京大学教育学部助手
2000年　流通経済大学経済学部講師
2006年より現職

論　文　「骨相学の教育的展開―心理学の主戦場としての教育―」
　　　　佐藤達哉編著『心理学史の新しいかたち』誠信書房　2005
　　　　「かたり・ふるまい・教育」『流通経済大学体育指導センター紀要』創刊号　2005

<small>しゃかいとうち　きょういく</small>
社会統治と教育
―ベンサムの教育思想―

発行日	2006年9月1日　初版発行
著　者	小　松　佳代子
発行者	佐　伯　弘　治
発行所	流通経済大学出版会
	〒301-0844　茨城県龍ケ崎市120
	電話　0297-64-0001　FAX 0297-64-0011

©K.Komatsu 2006　　　　　　　　　　　Printed in Japan／アベル社
ISBN4-947553-40-5 C3037 ¥3000E